审　　订：韩一武等
本册编写：刘　斌

成语传说

晋旅／主编

写在前面

在地球的东方,有一片神奇的土地,它头枕长城、脚踏黄河,是中华文明的发祥地,中国上古圣贤尧舜禹皆生于斯长于斯成于斯,它的名字叫中国山西。

5000多年文明在这片15.67万平方千米的土地上留下了辉煌灿烂的文化遗存。一个个王朝,一个个世纪,浩如烟海的历史瑰宝层层叠叠,不落尘埃,交相闪耀在历史的天空,让人目不暇接。

或许是这片土地上的历史太过悠长、太过厚重,即使是专业的历史文化学者穷极经年亦难窥其万一。

《山西故事》的创意原始而又简单，就是想在浩瀚的历史时空中，撷取那些时光凝成的精华，把发生在这片土地上的最重大的历史事件、最重要的历史人物、最典型的历史地理变迁和传承至今的文化风物，用小故事的方式呈现给您，让您在愉快的旅途中、茶余饭后的闲适中、忙碌工作的余暇中，轻松地了解中国山西、读懂中国山西、爱上中国山西！

目录

人 物

开天辟地
开天地，盘古右臂变恒山 / 003

女娲补天
五色石，补天裂 / 006

后羿射日
长弓射日救苍生 / 009

愚公移山
老人搬山天下知 / 012

前事不忘，后事之师
张孟谈智劝赵襄子 / 014

三人成虎
大夫巧解"谣言祸" / 016

纸上谈兵
纸上得来终觉浅 / 018

廉颇老矣，尚能饭否
老将军壮志难酬 / 021

单刀赴会
关圣人只身探吴营 / 023

环肥燕瘦
短长肥瘦各有态 / 026

游龙戏凤
《龙凤店》的故事 / 029

苏三起解
京剧名段原型在洪洞 / 031

岱岳殿里神仙会
佛道仙怪大聚会 / 034

孔子回车哀窦犨
孔圣人惺惺相惜窦大夫 / 036

昭君平城赠琵琶
赠琵琶成就千年老店 / 038

关公故宅无"关"姓
关二爷避祸走他乡 / 041

天柱擎天
天柱山见证一代名将 / 043

毗卢遮那佛降生芦芽山
无庙无僧的佛教圣地 / 045

李白醉书悬空寺
诗仙豪情写错字 / 047

薛仁贵成亲入寒窑
柳银环变王宝钏 / 049

莺莺塔下听蛙鸣
天下第一"大喇叭"是座塔 / 051

华严寺的合掌露齿菩萨
"东方维纳斯"原型之谜 / 054

清凉石的传说
五台山为何又叫"清凉山" / 056

龙翻石的传说
神仙斗，五峰山变五台山 / 058

荒年搭台济贫困
善财东疏财救乡亲 / 060

情 义

中流砥柱
巨石指路勇船夫 / 065

冬日之日
你就像那冬天里的一把火 / 067

桐叶封弟
君无戏言创三晋之源 / 069

退避三舍
晋文公先礼后兵成霸主 / 071

高山流水
伯牙鼓琴遇知音 / 073

唇亡齿寒
　　你若安好，便都平安　　/ 076

结草衔环
　　"草环报恩"智破骑兵阵　　/ 078

鉏麑触槐
　　武士自戕保清白　　/ 081

负荆请罪
　　将相和的故事千古流传　　/ 083

利令智昏
　　贪小便宜吃大亏　　/ 086

无可奈何
　　百家争鸣，山西有名"外交家"　　/ 088

绨袍之义
　　旧衣见证人情冷暖　　/ 090

背水一战
　　韩信用兵死地生　　/ 092

百感交集
美男子江边思故国 / 094

枕戈待旦
刘琨北伐收晋阳 / 096

快刀斩乱麻
砍乱麻选出继承人 / 099

气壮山河
忠臣绝食为复国 / 102

鸿雁传书
"大雁邮差"救使者 / 104

巫咸造鼓
人皮鼓摄人气，军令如山 / 107

杨五郎出家五台山
杨家子弟佛门思报国 / 109

脱履小趾验甲形
两瓣小趾甲，同是山西人 / 111

康熙寻父
老和尚原来是太上皇 / 113

事 件

精卫填海
小鸟雄心填大海 / 117

垂裳而治
汉服之祖，黄帝设计 / 119

洞房花烛
尧王洞里娶仙子 / 121

画地为牢
皋陶造狱法律存 / 124

克勤克俭
治家治国，四字良方 / 126

化干戈为玉帛
放下拳头握手言和 / 128

桑林祷雨
汤王祈雨,千年桑林 / 130

秦晋之好
春秋两霸,三次结亲 / 133

表里山河
三晋大地,天然屏障 / 135

相敬如宾
贤妻待夫如待客 / 137

晋阳之甲　榆次之辱
地理名称背后的历史大事 / 139

知恩图报
饿汉还恩义,一饭换一命 / 141

宾至如归
拆墙引发的外交纠纷 / 143

中山狼和河东狮
动物寓言有深意 / 146

华而不实
赵氏孤儿绝非徒有其表 / 149

外强中干
郑国骏马中看不中用 / 151

士为知己者死
刺客报恩引千古一叹 / 153

弹丸之地
弱国难逃割地赔款 / 156

自惭形秽
和史上"第一美男子"比美 / 158

天衣无缝
神仙裁出无缝衣 / 160

白云亲舍
狄仁杰与《故乡的云》 / 163

两袖清风
名臣于谦,清白留人间 / 166

鱼跃龙门
飞身一跃，云霄化龙 / 168

董父豢龙
驯龙高手本姓董 / 170

智伯送钟
假送礼真占地 / 172

董永行孝得姻缘
天仙实为田仙 / 174

白马拖缰
神马立功，留名寺传奇 / 176

道 义

虞芮让畔
一块田地，万世礼仪 / 181

完璧归赵
蔺相如不辱使命 / 184

欲加之罪，何患无辞
君臣斗的"关键武器" / 187

危如累卵
摞鸡蛋巧谏国君 / 189

围魏救赵
"孙庞斗智"例证三十六计 / 192

神农尝百草
一日中毒七十次的药剂师 / 194

嫘祖养蚕
先蚕娘娘发明天然布料 / 196

风后智造指南车
风陵渡背后的故事 / 199

尧观天象创节令
尧帝观天，创制二十四节令 / 201

台骀治理汾河
玄冥师降服水魔 / 203

打开灵石口，空出晋阳湖
大禹凿河，福佑太原 / 205

奚仲造车
双轮马车，奚仲首创 / 207

闯王倒取宁武关
李自成力战明朝第一悍将 / 209

左宗棠与乔家大院
乔东家出钱，左宗棠平疆 / 211

金钟今尚笑西后
慈禧送礼到曹家 / 213

协同庆巧结张之洞
票号和巡抚的"官商合作" / 215

后记 / 217

人物

开天辟地

开天地，盘古右臂变恒山

北岳恒山位于山西省大同市浑源县城南10公里处，到过恒山的人都为它的巍峨险峻所倾倒，但如果告诉你，恒山是由一个人的胳膊变成的，你能想象这个人有多大吗？这个人就是盘古，史上第一巨人，身长9万里。

先有鸡还是先有蛋？这在西方是一个哲学问题，但在东方却是一个美丽的传说。

传说在天地没有区分之前，宇宙就像一个大鸡蛋，它无边无沿，没有上下左右，也不分东南西北，而盘古就像鸡蛋里面的小鸡崽一样，在孕育着。

在里面住了18000年，盘古孕育成熟了。睁眼一看，一团漆黑，盘古胳膊一伸、腿脚一蹬，大鸡蛋就被撑破了。盘古张开双手用力劈开圆东西里的混沌，轻而清的阳气上升，变成了高高的蓝天；重而浊的阴气下

开天辟地

沉,变成了广阔的大地。从此,宇宙间就有了天地之分。盘古劈开天地后,头顶蓝天,脚踏大地。一见阳光,天每日增高一丈,地每日增厚一丈,盘古也每日长高一丈。

又经过18000年，盘古已经变成了9万里高的顶天立地的巨人。这个时候，天地间只有他一个人，他开心，就是晴天；他生气，则阴云密布；他落泪，天下雨，痛哭就有了江河湖海；他咳嗽，起狂风，眨眼睛打喷嚏便是电闪雷鸣。不知又经过多少年，盘古死了，躺倒在地上。他的头部隆起，成为东岳泰山；他的脚朝天，成为西岳华山；他的肚子高挺，成为中岳嵩山；他的两条臂膀，左臂成为南岳衡山，右臂成为北岳恒山；他的毛发成了树木和花草。

后人用"开天辟地"来比喻空前的、自古以来没有过的事。

女娲补天

五色石,补天裂

女娲是上古中国神话中的创世女神,有人说她长的是蛇身,有人说她搓泥球造人和万物。如果说盘古是"地球之父",那么女娲就是"中华之母"。在山西有许多关于女娲的传说、遗迹和纪念地。

山西吉县柿子滩、晋城市浮山、平定县浮化山、洪洞县赵城侯村分别有女娲的补天窟、补天台、女娲葬地娲皇陵;太行山古称"女娲山""皇母山",柿子滩有裸体女性岩画,被认为是女娲形象,在吉县人祖庙发现的骸骨也有人认为是女娲的遗骨。

传说盘古开天地后的第一次战争就发生在不周山(有传说是今山西长子县境内的发鸠山)附近,参战双方实力相当,分别是水神共工氏和火神祝融氏。二神在不周山大战了几天几夜,最终火神祝融占据了优势,将水神共工打败。但失败的水神不服气,一怒之下,把头撞向了不周山。

女娲补天

　　轰的一声，不周山崩裂了。不周山本为支撑天地之间的大柱子，它这一崩裂，天便倒下了半边，出现了一个大窟窿。天漏了，于是地面出现深深的裂缝，山林烧起了大火，洪水从地底下喷涌而出，各种猛兽也出来吞食百姓，人类面临着空前的大灾难。

女娲着急万分，决心拯救世界，实施补天计划。整整4年的时间，女娲炼了36500块五色石。石头炼好后，众神仙和众将官开始帮女娲补天，因石是五色的，从此便形成了天上的彩虹、彩霞。但补到最后，大家发现仍有一个洞。只要还有破洞，天就随时会继续崩裂，灾难很可能再次来临。

女娲痛苦地思考了很久之后，决定牺牲自己。她挥舞衣袖，飞向那个窟窿，用自己的身体填补好了天上最后的洞……天补好了，天地间恢复了宁静。

女娲补天的故事流传甚广，中国古典文学名著《红楼梦》的开篇第一章也是以这个传说为引子，讲述了通灵宝玉的来历。

后羿射日
长弓射日救苍生

后羿是远古传说人物之一,相传生活在今山西黄河流域一带,他最伟大的功绩就是射掉了天上的9个太阳。有一种传说,他射日的地方就在今天山西长治市屯留县城西北30公里处的老爷山(三嵕山)。

传说帝尧之时天空中一共有10个太阳,他们都是东方天帝的儿子。每天会有一个太阳到天上值班,负责给大地万物带去光明和热量。地上的人们按时作息,日出而耕、日落而息,生活过得美满又幸福。

有一天天帝外出,10个太阳结伴而行都跑到了天上。这下大地上的生灵遭殃了。10个太阳像10个火团,他们一起放出的热量烤焦了大地,森林着火了,河流干枯了,许多人和动物被烧死。

惯用一把万斤长弓的神箭手后羿看到人们被太阳烤得苦不堪言,便萌生念头,要将这捣乱的太阳射掉来拯救苍生。他拉开了万斤长弓,搭上千斤利箭,瞄准天上火辣辣的太阳,嗖地一箭射去,第一个太阳被射

后羿射日

落了。后羿一支接一支地把箭射向太阳,中了箭的9个太阳纷纷落下,直到剩下最后一个太阳,温度才又变得适合人们居住了。从此,这个太阳每天从东方升起、从西边落下,为大地万物贡献着光和热,天地恢复了一片和谐。后羿射日拯救了苍生,人民得以休养生息。

"羿"原指鸟张翅旋风而上，后指搭弓射箭。自从后羿射日后，羿便成为对神射手的称呼，其职业和技能世代相传。到了夏朝时，"羿"成为国家羽林军负责人的职官名。在太康不理朝政的时候，其时的"司羿"发动宫廷政变，将太康五兄弟逐出王宫，自己摄政，成为夏代第六任君王。就这样，历史上出现了又一个"后羿"。

愚公移山
老人搬山天下知

愚公是神话传说中的人物，这个无名无姓的人却干了一件真正意义上惊天动地的事——搬走了两座大山。

愚公住在黄河北岸，冀州之南、河阳之北（今山西晋城一带）。也有人考证说古冀州其实就是天子所在地尧都平阳（今山西临汾）。愚公已经90岁了，家住在山里面，门前有两座大山：一座太行，一座王屋，方圆各700里，有七八万尺高。愚公年纪大了，腿脚不好，出门翻山越岭非常不便，家里人劝他少出门，他的倔脾气上来了，想把这两座大山搬走。思索几日，愚公准备把大山移到渤海去填海造田，或者挪到隐土的北面。他带着全家人开始了搬山。男丁挑担子，女眷抬箩筐、拿簸箕。邻居家有个小男孩，才七八岁，也加入进来。

从愚公家到渤海湾，足足一年才能往返一次。这事惊动了河边住的智叟。听说愚公全家搬大山，智叟哈哈大笑，跑来对他说："你年纪这么大了，怎么可能搬动大山呢？"

愚公不服气地说："你这人还不如来帮忙的邻居小孩！我死了还有娃呢，还有孙子，孙子又生娃，子子孙孙没有穷尽。但这山却不会加大增高，还愁山挖不平？"愚公的一番话说得智叟无言以对。

愚公移山最后有了一个完美的结果，天帝被感动，命令夸娥氏的两个儿子背走了两座大山。

后世"愚公"成了做事顽强有毅力、不怕困难的人的代名词。毛泽东在1945年撰写的政论文《愚公移山》被列为"老三篇"之一，成为20世纪60年代学习红色经典潮流的记忆符号。20世纪80年代，太钢退休职工李双良带领渣场职工搬走一座1000万立方米的渣山，并将废渣场变成了美丽的花园，被誉为"当代愚公"。

前事不忘,后事之师

张孟谈智劝赵襄子

春秋末年,晋国大权集中到四个主要大臣智伯、赵襄子、魏桓子、韩康子手中。公元前458年,智伯独揽了朝政大权,他甚至要求其他三卿将领地割让给他。赵襄子断然拒绝。于是智伯立即派人传令给魏桓子和韩康子,要他们出兵和自己一起去攻打赵襄子。

赵襄子估计智伯会攻打他,忙找谋臣张孟谈商量。张孟谈建议到晋阳去抵抗。到了晋阳,赵襄子依靠地形和城墙顽强抵抗,智伯率魏、韩两家攻打。由于魏、韩不愿为智伯卖命,智伯也无法取胜,双方陷入了困局。

晋阳城被智伯水淹,围困了三年,但人们誓死不投降。一天,张孟谈面见赵襄子,说韩、魏两家也是被迫的,自己打算动员他们反戈联赵共同消灭智伯。当晚他便潜入魏、韩营中,说服了魏桓子和韩康子,决定三家联合起来消灭智伯,事成之后平分智家的领地。到了约定的那一天，赵、魏、韩三家联合进攻，杀得智军四散逃窜，智伯被擒。从此，晋国形成了赵、魏、韩三家鼎立的局面。张孟谈帮赵襄子转危为安，堪称第一功臣，但他却来向赵襄子告别。赵襄子不解："你立了大功，现在是我该报答你的时候了，你怎么却要走？"张孟谈和赵襄子彻夜长谈："在历史上从来没有君臣权势相同而永远和睦相处的。我现在功劳这么大，有一天可能会超过您，就像你们四卿之于晋国，前事不忘，后事之师。请您让我走吧。"张孟谈辞去官职，退还封地，隐居山林，在那里平安地度过了自己的晚年。

后人用"前事不忘，后事之师"提醒人们记住过去的教训，以作后来的借鉴。

三人成虎
大夫巧解"谣言祸"

战国时期,诸侯分立,大家都怕别国进攻自己,就想出个办法来,互相嫁女儿结亲家,把儿子送到对方国家去当人质。

这一年,魏太子到邻国赵国去做人质,大臣庞恭陪同,临行前他对魏王说:"如今有人来报告说城里出现老虎,大王相信吗?"魏王说:"咱们魏国这地界没有老虎,老虎即便有,也在大山里,哪能上得了大街呢?我不信。"庞恭又说:"那大王身边的人也开始说街市上出现了老虎,大王会相信吗?"魏王有点怀疑了。庞恭接着说:"要是来往的使节也说街市上出现了老虎,大王信不信呢?"魏王说:"既然有老虎的事已经传到外地去了,看来是真的。"庞恭说:"明明魏国没有老虎,集市上更不可能有老虎,可是只需要三个人说有老虎,事就成真的了。赵国国都邯郸(今河北邯郸)离魏国国都大梁(今河南开封)的距离可是比从这里到街市远多了,议论我的人也一定会超过三个人。臣担心会变成那只被无中生有的老虎。"

魏王恍然大悟，原来庞恭是在测试自己的判断力。

果然，庞恭才走没多久，就有人来诋毁他了。魏王每每想起庞恭那个老虎的故事，也就没放在心上。可后来说庞恭坏话的人多了，魏王慢慢开始相信了。几年后，太子顺利回国，而魏王果然再也没有召见过庞恭，也不再重用他。

有人说"谣言重复一百遍就是真理"，而从信息接受方来看，"三人成虎"则讲越是身边人、越是自己熟悉的朋友圈的以讹传讹，越容易被信以为真。后世人引申这则故事成为"三人成虎"的成语，比喻有时谣言可以掩盖真相。

纸上谈兵
纸上得来终觉浅

今天的山西高平一带，在2200多年前爆发了中国古代军事史上最早、规模最大、最彻底的一次围歼战，史称"长平之战"。战争胜利的一方之后建成了中国第一个大一统帝国——秦，而失败的一方则留下了一个教条主义的反面典型。

赵括，赵国人，大将赵奢的儿子，这赵括虽然是名将之后，但并非只知游乐的官宦子弟，他从小就熟读兵法。赵奢的那些部将纷纷称赞："将门虎子，从小就是个当将军的材料。"平时在家里，赵奢父子俩也总谈论用兵打仗的事，爱推演一下著名战局。赵括滔滔不绝、引经据典，常常把自己老爹都驳倒了，他就此认为在打仗这个事上自己已经全懂了。

赵奢却不这么认为，还老批评赵括，说他其实不会打仗。儿连娘心，当妈的看这父子俩闹不痛快，不乐意了："你都说不过他，咋他还不

纸上谈兵

会打仗呢？"

赵奢连声叹气："打仗不是嘴上说，是要拼命的事，兵士将性命托付给主将，哪像说的这么轻而易举呢！赵国不让赵括做将军也就算了，如果一定要他担任将军,毁掉赵国军队的一定是赵括。"

后来长平之战前,赵括被赵王任命为大将军,母亲想起了当年丈夫的话,上书劝阻赵王:"当年赵奢当将军,待兵士如手足,把赏赐的东西全都分给部下,一接受命令,就不再过问家事。而赵括和他爸完全不一样,天天接受下级的拜访,军吏没有一个敢抬头看他的!大王赏赐的金帛,他都带回家藏起来,还天天找便宜合适的田地房产买。大王认为他哪里像他爸?父子二人的心地不同,希望大王不要派他领兵。"

赵王觉得妇人之言不可信,赵括的母亲说:"赵王您如果一定要派他领兵,如果他不称职,赵家能不受株连吗?"赵王答应了。不止赵王,就连满朝文武也都认为赵括是赵国最优秀的将军,应该去建功立业。赵括上任后,先是全部更改原先的纪律和规定,并撤换、重新安排军官,导致一时军心不稳。秦将白起听说这件事,暗暗高兴,利用赵括的轻敌,布下诡计,包围了赵括的军队。

赵括死于乱箭之中,45万赵军成为俘虏,被秦国全部活埋在长平。自此,赵国元气大伤,再没能力与秦国单独抗衡。而赵家因为赵母之前与赵王的约定而躲过此劫。

"兵无常势,水无常形",这岂是在纸上推演论断所能判定的?后人用"纸上谈兵"来比喻空谈理论不能解决实际问题。

廉颇老矣,尚能饭否

老将军壮志难酬

廉颇,今山西太原人,战国末期赵国名将,曾拜为赵国的上卿(最高爵位,相当于元帅),立下战功无数。但廉颇一生最大的遗憾就是在赵国危亡的关头没能带兵上阵,而这样的错过竟然是因为一场饭局。

廉颇名气大,为人耿直,出言直率,导致政敌也多。信任廉颇的赵王死后,新王登基,大臣们纷纷进言,说廉颇的坏话。新王也怕廉颇权势太大,就借故夺了廉颇的兵权。廉颇气愤不已,离开赵国,到魏国旅居。

国难思良将,和平的时光没过多久,几年后,秦国派兵进攻赵国,赵军连连败退,赵国竟没有一名大将可以对抗秦军。赵王和群臣商量对策,当年那些诋毁廉颇的人如今也只能劝赵王:"这事只有廉颇能办,请他回来吧……"赵王听了有些为难,当年是自己将廉颇赶走的,如今怎么将他请回来呢?他决心先试探一下,便派身边内侍带了一副上等盔甲和四匹好马做礼物,到魏国去探视廉颇,临行前告之如果廉颇身体还不错,就邀请他回国;如果身体不好,就算了。

多年与故国暌隔,突然听到赵王派人来看自己,廉颇已经明白了一二。当看到赵王送的礼物后,廉颇说:"一定是赵国遇到了危难,赵王想召我回国效力吧。"尽管被赵王排挤在先,但国难当头,廉颇义无反顾同意回国。为了显示自己还是精力很足、身强体壮,他专门请内侍吃饭,这一顿饭他放开了吃,吃了一斗米十斤肉。饭后他又穿上盔甲,骑上战马,表演了一番武艺。操练完后,廉颇说:"你看我与年轻时相比怎么样?我认为自己没有问题,赵王如召我回国,我一定为国效命。"

廉颇猜中了开头但没猜中结尾,拼战沙场的武将哪里能想到宫廷斗争的阴谋?!原来这名内侍受了当年排挤廉颇那些朝臣的贿赂,回国后,他对赵王说:"廉将军虽然老了,但饭量还很好,可是和我坐在一起,一顿饭就上了三次厕所。"在古代,上厕所的次数与身体状况有着密切关系,内侍只是多加了几个字,就让赵王觉得廉颇已经年迈,不能再战,廉颇也就再没得到报效祖国的机会。

后人用"廉颇老矣,尚能饭否"来形容曾经辉煌的英雄现今老迈年高,难当重任。

单刀赴会
关圣人只身探吴营

关羽（162—220），中国人心中圣人的代表之一，"山东一人作《春秋》，山西一人读《春秋》"。关羽与孔子齐名，被人们称为"武圣"，河东解良（今山西运城解州）人。如今，解州的关帝庙每年接待着来自全国各地的关公信众无数。

关于关公的传说故事很多，但真正能体现其胆识、智略和英勇的要数单刀赴会了。

东汉建安二十年（215），刘备和孙权联手抗击曹操，但因为一处荆州城，双方互不相让，联盟面临着破裂。如果孙刘联盟破裂，面对强大的曹操，他们将被分别消灭。双方既担心这个结果，又不想让出荆州城，在僵持的局面下，东吴邀请刘备过江来谈判，关羽主动担当起谈判代表的责任。

说是谈判，但双方争夺荆州已有矛盾，互有军事行动，形势非常凶险。东吴这边,领军都督周瑜刚被蜀国的军师诸葛亮设计气死,上下对刘备方猜忌深重,怨气十足;刘备这边,如果要退出荆州,把辛辛苦苦争取来的根据地丢掉,自己将再次陷入流动作战的窘境。

谈判是不好谈,但又不得不谈。得知关羽要来谈判,东吴已经做好

单刀赴会

了准备：关羽如果带兵来，就厮杀到底；如不带兵来，就埋伏好刀斧手，趁机诛杀他，除掉关羽这个蜀国第一大将。

关羽也深知这趟谈判凶多吉少，谈判当天，他只带了一艘小船，船上大大地挂了一面红旗，上写一个"关"字。东吴的人一看，关羽青巾绿袍，坐在船上，旁边周仓捧着大刀，八九个关西大汉各挎腰刀一口。

东吴的人看关羽并没有带兵马，都惊呆了。大家将关羽接入庭内。到入席饮酒时，关羽的气势镇住了东吴将士，来敬酒的将军们都吓得不敢抬头看他。关羽谈笑自若，只字不提荆州之事。哪料饭后，东吴方步步紧逼，准备诛杀关羽。关羽又佯装喝醉，右手提刀，左手挽住东吴统帅鲁肃结伴而行，机智地逃脱。

后人用"单刀赴会"来指一个人冒险赴约，赞扬他的智略、英勇和胆识。

环肥燕瘦
短长肥瘦各有态

山西自古出美女，四大美人之中就有杨贵妃和貂蝉两位是山西人。杨贵妃，名叫杨玉环，又名杨太真，山西永济人。四大美女中，杨玉环可谓是"重量级美女"。

美女，可以称作是时尚圈的一面镜子，尽管如今各国对脸的美丑判定有各自的标准，但统一来说，瘦才是时尚美女的标志，然而，历史长河中却有过胖瘦各领风骚的时代。

杨玉环（719—756），从小爱好音乐、舞蹈。虽然体态丰腴，但很有歌舞天赋，是大唐帝国杰出的舞蹈家、音乐家。

恰逢大唐盛世，杨玉环被喜欢戏剧的皇帝唐玄宗看中，选进宫册封为贵妃。当时的唐帝国以胖为美，肌肤圆润、身材丰满的杨玉环因舞姿绰约、天赋极高而备受皇帝恩宠，更常常与唐玄宗讨论艺术，一时成为六宫中最红的人。

环肥燕瘦

杨贵妃的这种丰腴之美曾经影响了中国以及东南亚许多国家和地区长达几百年的审美标准。

如今,在杨玉环的出生地今山西永济市独头村有一座千年古潭——贵妃池,传说杨玉环年幼时曾在此洗浴,引得众多中外游客慕名而来。

另一位引领潮流的是比杨玉环早几百年的西汉成帝时的皇后赵飞燕。当时,赵飞燕凭借杨柳细腰及轻盈曼妙的舞姿,征服了汉成帝,不仅深得其宠爱,没多久还被封为皇后。如此细腰,一时引得满朝贵妇纷纷效仿。赵飞燕的腰可谓古往今来最具杀伤力的一支纤腰了。

皇帝宠信自然是最好的广告,天下人于是争相学着来变胖变瘦也就不奇怪了。

由此看来,美的标准不止一个,宋代大文豪苏轼在《孙莘老求墨妙亭诗》中写道:"杜陵评书贵瘦硬,此论未公吾不凭。短长肥瘦各有态,玉环飞燕谁敢憎。"玉环飞燕一肥一瘦,但并不妨碍她们都是倾城倾国的美女,只是风格不同罢了。苏轼在这里将"环肥燕瘦"比作自己对书法艺术的看法,表示艺术风格不同,各有千秋。

后人用"环肥燕瘦"来形容尽管美女形态不一,但各有各的美丽,也用来形容一切美好的事物即便风格不一,甚至对立,都仍然各有所长。

游龙戏凤
《龙凤店》的故事

大同自古多美女,在京剧中有一出名段《游龙戏凤》,讲的就是明朝正德皇帝和大同酒家女李凤姐之间的故事。正德皇帝是历史上很有争议的一位皇帝,可以称是最爱玩的皇帝之一。他最为世人所知的,是喜好美色。

李凤姐一家在今天的大同城郊李家村开了一家小酒馆,李凤姐的父亲是掌柜,李凤姐在店里帮忙。这天正德皇帝微服巡幸,来到了梅龙镇,被李凤姐的美貌倾倒,将其据为己有,还让乔装的侍卫把李凤姐抢回京城。不想走到北京郊外居庸关时,又遇上一个绝色美女,正德皇帝就把李凤姐扔下走了。

一年后,李凤姐在居庸关生下一男孩后抑郁而死。当地百姓为李凤姐在居庸关南山坡上立坟,因坟上长满白草,被附近的人称为"白凤冢"。在戏曲故事《游龙戏凤》中,正德皇帝死后无嗣,大臣们遂想起李凤姐,就派人到居庸关找到当年那个男孩,拥其回京即位,是为嘉靖皇帝。当地人称李凤姐陵墓后的山峰为"恋花山",以此来讽刺正德皇帝贪恋美色,始乱终弃。而明廷为了皇家的脸面,把"恋花山"改称"莲花山",流传至今。在戏曲舞台上,这段故事被演绎成《龙凤店》的故事。

苏三起解
京剧名段原型在洪洞

因话本和戏剧闻名的苏三，在中国是一个家喻户晓的人物。京剧大师梅兰芳等人都曾在舞台上唱过"苏三离了洪洞县……"苏三蒙难、逢夫遇救的故事也确实发生在今天的山西洪洞县。直到1920年，洪洞县司法科还保存着苏三的案卷。

苏三原名周玉洁，明代山西大同府周家庄人，5岁时父母双亡，后被拐卖到北京苏淮妓院，遂改姓为苏。其时妓院已有两名妓女，她排行第三，故名苏三，"玉堂春"是她的花名。苏三天生丽质、聪慧好学，琴棋书画样样精通。

和很多青楼故事一样，苏三与一个官宦子弟王景隆一见钟情，过往甚密，并立下山盟海誓。但迷恋苏三的王景隆不思上进，不到一年就把钱花光，被老鸨赶出了门。

苏三要王景隆发奋上进，自己也不再接别的客人，只等他考取功

苏三起解

名。王景隆于是发奋读书,二次进京应试,终于考中了进士。不料老鸨偷偷以1200两银子为身价把苏三卖给了洪洞马贩沈洪为妾。苏三只得随沈洪回到故里。沈洪长期经商在外,其妻皮氏与邻里赵昂私通,合谋毒死沈洪，再诬陷苏三，并以1000两银子行贿。知县贪赃枉法，对苏三严刑逼供。苏三受刑不过，只得屈忍画押，被判死刑。

正巧考中进士的王景隆出任山西巡按，得知苏三已犯死罪，便密访洪洞县，探知苏三冤情，即令火速押解苏三案全部人员到太原。京剧《苏三起解》讲的主要就是发生在苏三前往太原途中与押解差官崇公道之间的故事。

王景隆为避嫌疑，遂托他人代为审理。最终经过公正判决，苏三奇冤得以昭雪，真正的罪犯伏法，贪官知县被撤职查办，苏三和王景隆终成眷属。

明代小说家冯梦龙将这个故事写进了《警世通言》，流传后世。在京剧剧目中，苏三起解的故事被改编成《女起解》《洪洞县》，京剧四大名旦梅、尚、程、荀及张君秋都有精湛的演出。

岱岳殿里神仙会
佛道仙怪大聚会

在山西忻州市西北的河曲县岱岳殿村有个岱岳殿，所在村因殿得名，全国罕见。这座寺庙里既有道教、佛教的正神，也有地狱阎罗殿的神像，甚至还有民间神祇。这些神仙共同享受着百姓的香火。

每年农历三月二十八，据说为天齐大帝之祭日，岱岳殿村总会变得特别热闹，附近许多村的村民会在这一天来村里岱岳殿前赶庙会。庙会那天进香拜神者络绎不绝，山门对面的戏台上还要唱戏，庙内外人山人海，热闹无比，是河曲县远近闻名的一大盛会，这个庙会又有一个称呼叫"神仙会"。

走进岱岳殿，殿内除了供有东岳大帝外，从正殿到偏殿分别供有龙王娘娘、地藏王菩萨、玉皇大帝、送子娘娘、佛祖、观音菩萨等等，这些各具情态的佛道仙怪神像会让人恍如走入光怪陆离的神话世界，百看不厌，流连忘返。

为什么这个庙里神仙这么多呢？民间传说姜子牙助武王灭纣后，敕封诸神，将黄飞虎封为东岳天齐仁圣大帝，总管天地人间吉凶祸福，封地在五岳之首即东岳泰山，而泰山别称"岱""岱岳"，人们就把此庙称为"岱岳殿"。后来东岳大帝被加官晋爵，执掌幽冥地府十八重地狱，故岱岳殿也常被称作"岱狱殿"。虽仅一字之差，却平添出许多神秘的色彩。之后历史变迁，佛教东入，这里又塑起佛家的佛祖菩萨像，一直到今天。这也反映了中国民间多神论的现象——不信鬼神敬鬼神。

孔子回车哀窦犨
孔圣人惺惺相惜窦大夫

在山西太原市西北的上兰村有一座窦大夫祠,供奉的是春秋时期的晋国名臣窦犨。虽然很多人不知道他的名字,但他却甚得孔子赏识。窦犨身上发生的一件事,让大名鼎鼎的孔子做出了人生中最重要的决定之一。

当年孔子游走列国,推广自己的治国理念。今天的山西地区当时由晋国统治,晋国的卿大夫赵简子执掌朝政时诚邀孔子莅晋,想听听这位大儒讲讲如何治国。孔子也正在寻求大国推行自己的治国理念,接到邀请便欣然接受,带着弟子前往。

此时,作为国家重臣,晋国大夫窦犨与执掌朝政的赵简子在治国理念上发生了重要分歧。为了推行政令,赵简子便杀害了窦犨。当孔子行至黄河边时听到了窦大夫被杀的消息,便望着滔滔河水无限感叹,决定不去晋国了。他的弟子们不理解为何老师走到了晋国边界却不再前行。

孔子说:"赵简子和窦大夫都是晋国贤良能干的大臣,原来他们政见相同,但一旦地位权力发生了变化,就要杀掉曾经的好友来推行自己的政策。君子对同道的不幸遭遇会感到伤感,我决定返回家乡,不再奢望哪一个君主可以推行仁政。"

茫茫黄河岸边,孔子留下了忧伤而失望的背影,他说这是命运的安排。正因为窦大夫的遭遇,孔子在周游列国时才没有踏上山西的土地。"孔子回车"也成为两个惺惺相惜的君子最后的告别。

昭君平城赠琵琶
赠琵琶成就千年老店

山西大同历代为中原王朝和游牧民族的交界,这里曾留下四大美女之一王昭君的最后告别:昭君出塞时,在此留下了一把自己的琵琶。

中原王朝与北面的游牧民族常年交战,损失惨重。汉朝时开始了和亲政策,就是汉朝的宗室子女与游牧民族的匈奴单于通婚,以此换来两地和平。

公元前33年,呼韩邪单于来到长安,要求和亲。汉元帝这次决定挑一个宫女给他。不甘心做白头宫女的王昭君毅然请命。于是,她跟着和亲队伍一路向北,走到了汉朝的北部边境平城(今山西大同)。马上就要离开边塞,进入异邦了,此去终生再难返回,王昭君决定在这里多住几天,再回看下家乡故土。

想到此,王昭君叫送亲队伍演奏起了汉朝的宫廷音乐。那熟悉的乐曲,此时听起来幽怨哀婉,王昭君也拿出自己最擅长的乐器——琵琶弹

昭君平城赠琵琶

奏起来。一曲《出塞曲》音如马嘶、声似剑啸，平城百姓都明白这是家国女儿的诉说。再留，也终究是要走。匈奴的迎亲队伍已经准备完毕。

王昭君命随从宫女从琵琶箱中选出一把最好的琵琶赠给留宿的店主

作为纪念，这家店便因此改名为"琵琶老店"。

琵琶老店因为昭君的缘故世代兴旺，店主虽变，房舍也多次重建，唯有店名不改。到了唐朝，大书法家柳公权书写了"琵琶老店"四个大字，并制成一块横幅匾挂在店门上。此店一直到新中国成立之初还存在，后来旧城改造时被拆毁，而那块"琵琶老店"门匾至今仍珍藏在大同市博物馆中。

关公故宅无"关"姓
关二爷避祸走他乡

今天的山西运城市常平村是关羽的故乡。走进常平村,在村西头的大道旁有一座牌楼,上面写着"关圣故宅"四个大字。历朝历代的文官武将经过这座牌楼时都要下轿下马,表示对关帝爷的尊敬。但令人奇怪的是,在关圣故宅常平村,现在却连一户姓关的人家都没有,这是为什么呢?

"英雄不怕出身太单薄。"《三国演义》中谈起关公来,都是忠义英勇的大事件,但关公的出身,千百年来,都没有定论,在《三国演义》中也是语焉不详,只说他看到土豪劣绅欺负百姓,一时义愤给杀了,从此流亡江湖,直至遇到刘备,从军建功。

关公门前没有"关"姓人,可能就和这次杀人事件有关。传说关羽从小练武,一身功夫了得,而且性格直爽、正直善良,好打抱不平。他18岁的时候,解州城出了个恶霸,平时为非作歹、欺男霸女,是当地官员的亲戚，老百姓都恨他但又没有办法。

这一年，久旱无雨，恶霸把城里所有的水井都填了，只留下他家一眼，为的是让老百姓到他家挑水，他坐地收钱。很多穷人都吃不起水，当地老百姓恨透了他，却敢怒不敢言。关羽忍无可忍，激愤之下杀死了这个恶霸。

关羽杀人闯下大祸，官府贴出告示悬赏捉拿他，恶霸的党羽也趁机来寻仇。父母在送关羽出逃后，双双自尽。全村姓关的人家也受到牵连，都逃离了常平村，到20多公里外的东古村躲藏起来。常平村从此便再也没有关姓人家居住了。

后来关羽功绩卓著，成为"武圣"，常平村父老为纪念他，就将关羽的老房子改建为关圣家庙，而居住在东古村的关姓后代逢年过节都要前来祭祀，这个习俗一直延续到现在。

天柱擎天
天柱山见证一代名将

在山西忻州市静乐县城南，有一座大山名叫"天柱山"，山上古树参天，泉水叮咚，一派世外桃源的景象。这座大山的得名并不是因为这里有什么险峰异石，而是和一位大将军有关。

南北朝时期，北方建立的第一个王朝就是北魏政权。北魏政权由蒙古草原起家，一路南下，攻陷洛阳，一时占据北方大片疆土。在北魏政权里，山西朔州籍的大将军尔朱荣战功赫赫。至北魏末年，尔朱荣东征西战，平定六镇兵变，击退南方叛乱，由此掌握了北魏的军政大权。

当时，北魏境内政权动荡，各地纷纷起义。有一个叫葛荣的人整合了几支起义军，拥兵数十万，自命天子，向北魏进攻。北魏当时兵力薄弱，正当上下不知该如何应对时，尔朱荣趁葛荣刚进入山西境内，地形不熟，带着7000骑兵对今天忻州市静乐县附近的山区进行了突袭，一举攻破葛荣的大军，帮北魏解决了心头大患。此战后，北魏皇帝一时想不出该给战功赫赫的尔朱荣什么样的封号，便将他比作"擎天一柱"，封他为"天柱大将军"，而他战胜葛荣的那座山，也因此得名"天柱山"。

在天柱山半腰，原先有一脉泉水，被人称为"龙泉"，为原静乐县八景之首，也被称为"天柱龙泉"。与别的地方不同的是，这口泉水的另一个名字却不怎么好听，叫"狗舔泉"。传说尔朱荣来到天柱山后，一直没有找到水源，这时，他心爱的猎犬突然对着一块空地舔了起来，尔朱荣马上命人往下挖，由此发现了这口泉。因为尔朱荣爱养犬的缘故，直至今天，在静乐一带，还有把狗当作神灵的现象。在这里的许多神龛、碑刻上，总能看到狗的形象。

毗卢遮那佛降生芦芽山
无庙无僧的佛教圣地

在佛教名山五台山的北面，有一座芦芽山，也是一座佛教名山，但和五台山不一样的是，这里一个僧侣都没有。没有僧侣的山怎么会是佛教名山呢？因为这里是佛祖释迦牟尼法身佛毗卢遮那佛的道场。

佛教中经常会提到"三身佛"，法身佛就是指佛的源头，不管在什么时候都永远存在，其在佛教中的地位非常重要，许多全国知名的寺庙都有供养，如北京法源寺、洛阳白马寺。据记载，初唐时，芦芽山就是著名的，也是全国唯一的毗卢遮那佛道场，同时也是全国罕见的三教合一、佛道共处的寺观集中区。隋唐时，芦芽山中已是寺庙林立，多至300余处。

既然有如此众多的寺庙，可以断定当时一定会有相当多的僧人。但是，今天走遍芦芽山也很少能见到和尚，连和尚的墓都很难看到。据说，当年因为战乱，大部分寺庙的僧人都跑到南方去了，而少数留下来的僧人就把自己的墓安置在了寺庙旁的悬崖上。今天在芦芽山寺庙遗址旁高耸入云的悬崖上还可以看到石头制成的悬棺,很多人认为这是当年留下来的僧人的墓葬。

如今芦芽山上已经见不到香火旺盛,只在主峰绝顶约10平方米的石坪上留有一座石砌建筑——太子殿。这座殿里没有僧侣,不设香案却信众不断,传说这里是毗卢遮那佛的佛顶。

李白醉书悬空寺
诗仙豪情写错字

北岳恒山西侧的翠屏峰上有天下闻名的悬空寺，这座建造于北魏时期的著名寺庙，曾留下不少文人墨客的足迹。在悬空寺外的峭壁上，有"壮观"二字，传说是唐朝大诗人李白亲笔所写。但细心的人们发现，这个"壮观"的"壮"字比正确的写法多了一点，这是为什么呢？

据说当年李白游历到此，见到建在崖壁上的悬空寺，惊愕万分，诗兴大发，但左思右想，一时又找不到更好的诗句来形容悬空寺，于是挥笔写下了"壮观"二字，写罢意犹未尽，感觉难抒胸臆，于是又在"壮"字上重重加了一个"点"画，意为悬空寺比"壮观"还要多一点。

关于"壮观"二字还有另外的一种解释，据说当时来到悬空寺的李白被悬空寺的幽雅险峻征服，喜爱喝酒的他当晚就喝醉了，挥笔写下"壮观"二字表达心意。第二天酒醒后，发现酒醉时写的字多了一笔，但大诗人也不好悔改，于是就对旁人说这一笔是故意写错的，意思是悬空寺比"壮观"还要多一点。

李白的《夜宿山寺》一诗"危楼高百尺，手可摘星辰。不敢高声语，恐惊天上人"，据说描述的可能就是悬空寺。

薛仁贵成亲入寒窑

柳银环变王宝钏

在京剧中有一出戏《王宝钏》，戏台上王宝钏作为宰相的女儿爱上了长工薛平贵，因为家里不同意，刚烈的她与父亲断绝关系，和薛平贵住进了寒窑。这座"寒窑"就在今天山西运城河津市修村外，但寒窑却有两个女主人。

薛平贵的原型是唐朝名将薛仁贵，如今这座窑洞里面有一对夫妻坐像，男的当然是白袍将军薛仁贵，但细心的人们会发现，女主人公并不是戏剧里常见的王宝钏，而是另一个女子，名叫柳银环。

薛仁贵是今天山西河津市人，从小武艺高强，但苦于出身草根，没有机会报效国家。在当地的传说中，薛仁贵娶了当地的女子柳银环。柳银环家境富裕，见识不凡，她看薛仁贵是个志向广远的人，就劝他离开乡村，到外面闯荡一番事业。那时大唐帝国正准备与高句丽进行争战，各地招兵买马，柳氏希望薛仁贵到军队中去求取功名。薛仁贵犹豫不决，恰逢自己准备为先祖迁坟，他就以此为由推脱。

柳银环说："现在皇帝亲征辽东，正在征求猛将，如此难得之时机，夫君为什么不去取功名？富贵还乡，再葬也不晚。"看妻子这么支持，薛仁贵毅然离开了家乡，从军抗敌。18年后，他从一名小卒变成了一名大将军，大破高句丽军，成为一代名将，被唐太宗赏识。由此可见，薛仁贵的名将之路是柳氏鼓励而来的。

薛仁贵的故事流传开后，一些民间戏本也把它收录其中，同时为了更突出戏剧性，就把富家女柳银环提拔了一格，变成当朝宰相的女儿王宝钏，又增加了其与宰相父亲的决裂戏份，而成为京剧名段。

莺莺塔下听蛙鸣

天下第一"大喇叭"是座塔

山西永济市的普救寺因张生和崔莺莺的爱情故事而闻名天下，在该寺西轴线上，屹立着一座古朴典雅的方形密檐式砖塔，世人称之为"莺莺塔"。莺莺塔最让人不解的地方是其因独特的结构和精湛的工艺而具有的特殊回音效应——"普救蟾声"。

莺莺塔回廊西侧外有一个击蛙台，在这里以石相击，就可听到从塔上传来"咯哇、咯哇"的蛙鸣声；它还可以像收音机一样将人的话"现场直播"，在莺莺塔下，人们可以听到从2500米外蒲州镇上传来的唱戏声、锣鼓声，甚至人们在家里的说话声、嬉笑声。另外，塔下的鸟叫声通过莺莺塔的"扩音"之后也会变大，传播到很远的地方。因为这个特殊作用，莺莺塔被一些声学专家与缅甸掸邦的摇头塔、摩洛哥马拉克斯的香塔、匈牙利索尔诺克的音乐塔、法国巴黎的钟塔、意大利的比萨斜塔一起誉为"世界六大奇塔"。

莺莺塔为什么会发声？相传在唐代，佛教大兴，朝廷要在普救寺和中条山脚下的万固寺各建一座佛塔，特邀师徒二人修建，要求塔身一样高，用一样料，施工期限一年整。当下徒弟选建万固寺塔，师父则建普救寺塔。

莺莺塔

话说这徒弟心高意大、自恃聪明，心想这可是个出人头地的好机会，便挖空心思，巧立名堂，把功夫全用在塔外形的精雕细刻上，希望以此胜过师父。第二年两塔同时竣工，香客如流，争相观瞻。经过比较，大家都说万固寺塔八面玲珑、磨砖对缝，齐声夸赞徒弟比师父技高一等。徒弟听了十分得意。正在这时，师父当众说道："我建的塔是座宝塔，击地即有叫声。"众人当场一试，果真如此。原来，师父建塔时在塔里埋了一对金蛤蟆，这就是莺莺塔发声的秘密。

传奇的故事终究是无法验证，关于莺莺塔发声的秘密，中国科学院声学研究所的科学家们进行了一系列细致的研究和测试。之后，用仪器绘制出了塔下击石声的时间波形图——击石声在空气中传播时碰到障碍物，就会有反射，波形图中共有13个小的回波，整齐有规律，但与建筑物共振引起的波形图并不一样，而应该是由某种物体特有的反射规律造成的。难道这13个小的回波是敲石头的声音通过13层塔檐反射后的结果？

而塔下击石声的时间波形图，与现实生活中青蛙叫声的时间波形图基本一致，所以莺莺塔下的拍手、击石声，才会被认为是自然界青蛙的叫声。

华严寺的合掌露齿菩萨
"东方维纳斯"原型之谜

寺庙中的菩萨塑像大多威严端立，但山西大同的华严寺却有一尊被称为"东方维纳斯"的菩萨塑像，她弯腰微笑，形态活泼，千百年来，人们一直在研究猜测她的原型究竟是谁。她既没有佛门森严的表情，也没有传自印度的高鼻卷发，她朱唇微启、含羞带笑，相貌更接近中国民间少女那种自然流畅的美。塑像高约两米，上身露着肩膀披着一件袈裟，下身穿着过膝长裙，双手合十，体态丰盈。让人感到惊奇的是，这尊塑像并没有像传统佛教塑像或直立或打坐，而是全身重心落在左脚上，身体向右扭转，半扭着腰，腰部曲线优美，更显婀娜，婉丽动人，合掌露齿微笑的神态表示着对佛法的领悟，成为下华严寺傲以示人的辽塑珍品。

关于这尊菩萨的原型有一个美丽的爱情传说。修建华严寺的是北方游牧民族建立的大辽政权，当年官府调集了天下千名能工巧匠，一名来自凉州的年轻泥塑匠被分配住在大同一户只有父女二人的房东家。

这父女二人相依为命，父亲身体不好，全靠女儿照顾，日子过得很清苦。年轻的工匠十分同情他们，经常帮他们干活，一来二去，也就熟悉了起来，还把捏泥人手艺传给他们。因为泥人捏得像真的一样，大人小孩争相购买，父女二人的日子也一天天好起来。

就这样，年轻工匠不但帮助了房东一家，还收获了自己的爱情，他和房东女儿相爱了。

但塑造佛像的工作进展却不顺利，能工巧匠没有能按照预想塑造出绝美的菩萨塑像，他捏出来的模型自己都一直不满意。

有一天年轻工匠正在冥思苦想时，房东的女儿在窗外手掐着腰叫他吃饭。一抬头，心上人那一颦一笑的美丽让他顿时有了灵感，他便让房东女儿当他的模特，按照她的体型神态塑造了一尊菩萨像。由于记忆中心上人最美丽的时刻就是在窗外掐腰微笑的一瞬间，工匠就索性塑造了一尊露齿菩萨像。

完工的日子到了，这天辽国皇上要来巡查塑好的佛像，皇帝一边看一边点头，认为佛像塑得都挺不错。看到小工匠塑的这一尊时，主持修建庙宇的官员一下脸色苍白被吓傻了，这尊菩萨竟然露着牙齿，这是佛门禁令，也是从来没有过的事情。他偷偷瞄着皇帝，只见皇帝脸色凝重，径直向佛像走去，官员以为皇帝肯定要怪罪，马上跪下磕头认罪。岂知皇帝上前一步，竟抬手让她下来叙话。原来皇帝看呆了，忘记了这尊佛像是泥塑，把她看成了真人。

后来，这尊佛像就立在华严寺里，成为镇寺之宝，一辈传一辈直到今天。

清凉石的传说

五台山为何又叫"清凉山"

在佛教圣地山西五台山,有很多宝贝,包括佛祖的舍利、皇帝的匾额等等,其中有件宝贝清凉石,它与五台山的来历有关,更奇特的是这件宝贝竟然来自大海。

很久很久之前,五台山并不叫五台山,叫"五峰山"。这里气候异常恶劣,冬天滴水成冰,春天飞沙走石,夏天暑热难当,是个不毛之地,生活在此的百姓苦不堪言。

在此修行传教的文殊菩萨想改变这里的环境。都说东海龙王的宝贝多,他就去找龙王借。这天,文殊菩萨来到东海龙王处,一进龙宫,就看到门外随意丢着一块大石,未到跟前,已感到一股凉气扑来。

和龙王说明来意后,龙王大方地说:"菩萨借什么都行,请随意挑选吧。"菩萨精挑细选,但没有挑到中意的,于是他和龙王谈起了龙宫门口的那块石头,想把它借走。

哪知龙王一听，连连摆手道："这块石头是歇龙石，不能借。它是我用了几百年工夫从海底找来的，清凉异常，小龙们每天兴云布雨回来，汗水淋漓，燥热难耐，便在上面歇息养神。你若借走，他们就没有歇息的地儿了。"

文殊菩萨和龙王谈起了五峰山下百姓的遭遇，说自己借此石是为造福人间，并非贪图享受。龙王估量歇龙石重达万斤，又在海底，料想菩萨一人必然无法运走，便勉强答应说："顽石不轻，无人相帮，您能拿得动就拿走吧！"

文殊菩萨来到歇龙石前，但见他口念咒语，巨石瞬间变小，不一会儿就变成了小石块。菩萨将石头装进衣服里，便告别目瞪口呆的龙王飘然而去。

文殊菩萨回到五峰山时，正是烈日当空、久旱不雨、寸草不生的炎夏。当菩萨把歇龙石安放在今天台南边瓦厂村东北的一条山谷中后，五峰山立刻变成一个清凉圣境。于是，这条山谷被命名为"清凉谷"，人们在石头附近修建了一座寺院名为"清凉寺"，五峰山也就被称为"清凉山"了。

这个传说在五台山已流传了千百年，如今清凉寺那块来自深海的宝贝清凉石还在。它长5米、宽2.5米、厚2米、围15米，石面青色，有云纹，上面有各种符号和刻字，有人解读出是一部《金刚经》全文。现在人们坐在上面，还是觉得凉冰冰的，五台山也因此成为天下闻名的避暑胜地。

龙翻石的传说

神仙斗,五峰山变五台山

文殊菩萨是五台山的守护神,他运用智慧与神通从东海龙王那里借来了歇龙石放在五台山,把这里变成了凉爽宜人、山花遍野、诗情画意的清凉圣境。在五台山的五个山顶,均有大量巨石,当地人称之为"龙翻石"。五峰山为什么变成了五台山?"龙翻石"又是什么来历呢?这要从文殊菩萨借歇龙石说起。

文殊菩萨从龙宫借走了歇龙石,龙王答应了,但龙宫里还有众多人不服。就在文殊菩萨取走歇龙石的当天,那些外出的小龙回到龙宫,得知自己心爱的宝贝不见了,个个怒气冲天,便追到五峰山来索讨。

一共五位小龙,他们在五峰山顶拉开了架势,表示龙宫后悔当时借石,想讨回歇龙石。菩萨不理他们,他们便用龙尾把五座山峰扫成了平台,把五峰山变成了五台山,又用利爪把岩石刨得乱七八糟,至今这些石块还遍布山间,这就是"龙翻石"的来历。

文殊菩萨自有对付小龙的办法，他变身成一个老和尚，去偷偷给小龙"告密"，说自己知道歇龙石藏在什么地方。五位龙子跟随着老和尚来到了秘魔岩的两座巨大山岩前。文殊菩萨告诉他们，歇龙石就在山岩之间。

众龙你争我抢，钻进山岩之中，寻找歇龙石。文殊菩萨一声咒语，两岩轰然合并，仅留得内宽外窄的一道透亮裂缝，将五位龙子困在其中。

文殊菩萨命众龙在此好好修行，并说要派弟子来朝拜和供养他们，因此这个秘魔岩窟又叫"朝龙洞"，至今留有"朝五台山，若不朝拜朝龙洞只算朝拜了半个五台山"的说法。

荒年搭台济贫困

善财东疏财救乡亲

在晋中榆次常家庄园的常家祠堂中有一座大戏台，这个戏台见证了当年晋商的辉煌，但很少有人知道，这个戏台竟然是在山西遭遇大灾荒时建造的。

1887年，山西、陕西、河南、河北等省遭受了300年来最大的一次旱灾。其中，山西灾情最严重，颗粒无收的情形到处可见，灾荒持续了3年。据清政府的官方文献记载，当时山西有近三分之一的人口死于这次灾荒。

发生这样严重的灾情，商人当然也不可幸免，众多的晋商家族中，榆次车辋村的常氏家族损失尤为严重。为了不坐以待毙，常家曾想出各种办法来渡过难关，省吃俭用，缩减开支。但令人不解的是，常家在这个紧要关头却对外宣称要拿出3万两银子在家族祠堂中修建戏台。

常氏家族要盖房，请大家帮忙，无论男女老幼，只要乡亲能搬来一块砖头，就管一顿饭吃。原来，常家不是要摆阔气，而是要用修建戏台作为借口，帮助本村和邻村的乡亲们度过灾荒，赈灾也不落一个施舍的名。

常家认为沽名钓誉要不得，他们掩盖乐善好施的真正目的，是要让那些被救助的人能留有自尊。大灾持续了三年，常家的戏台也盖了三年。

情义

中流砥柱
巨石指路勇船夫

在山西平陆县三门镇南的黄河峡谷之中，有一座砥柱峰，当地船工中流传着一句谚语"黄河九十九道湾，闯过砥柱是头关"。2007年，平陆县文物局在普查时发现了一块明代时期的石碑，上面刻有四个大字"中流砥柱"。

根据《平陆地方志》记载，砥柱峰因为地形险峻，山峰样子像柱子而得名。相传这个山峰是当年大禹治水时留下的镇河石柱。当时有一座大山挡住了洪水，大禹号召百姓将大山凿开，通一条人工河道出来。千万人经过努力，终于将大山打通了缺口，河水分流，围着大山而过，而被凿开的一座山峰独自立在水中，成了现在的砥柱峰。当年，砥柱峰上刻有三个大字"朝我来"，面对的正是滔滔黄河水，一方面展现人类战胜水患的气势；另一方面提醒来往的船工，这里回流激荡，水势险恶。

有经验的船工在来到砥柱时，最好的方式竟然是调整船头，直直向砥柱撞去。因为船在几乎要与石相撞的一瞬间，会随激流卷起的波浪巧妙地绕柱而过，从而化险为夷，顺流东去。

而巍峨挺拔的砥柱山在成千上万年的历史演变中，任凭惊涛骇浪，始终岿然不动，屹立中流。成语"中流砥柱"即源于此。后人用中流砥柱来比喻在动荡艰难的环境中坚强的、能起支柱作用的人或集体。

中流砥柱

冬日之日
你就像那冬天里的一把火

春秋时期开创晋国霸业的晋文公手下有众多名臣良将，其中最有名的就是赵氏家族。赵氏一族独大晋国，赵衰和儿子赵盾历经晋国数代君王，是晋国第一望族。赵盾的墓就在今天山西襄汾县城内。

赵衰不但对晋文公重耳忠心耿耿，而且人缘极好，处理内政外交都很有一套。晋献公的9个儿子中，重耳排行老二，本来是不会摊上继承王位这样的事，也乐得逍遥。没想到后来晋献公宠爱的骊姬姐妹新生了两个儿子，为了让幼子奚齐继位，其他儿子都被糊涂的老爹赶出了晋国。一听主公被废，要逃亡，赵衰二话没说，收拾起行李就跟着走了。

离开了晋国，赵衰和重耳一群人跑到了重耳母亲的娘家北狄，寄人篱下。重耳娶了狄人女子为妻，赵衰马上娶了那女子的妹妹为妻，与重耳结为连襟共进退。赵衰就是这样陪着重耳，一直在外逃亡了19年。重耳为君（晋文公）之后，赵衰继续辅佐他，为他管理国政。晋文公死后，晋襄公继位，赵衰依然一如既往，忠心耿耿。因为有了赵衰等人的辅佐，晋文公、晋襄公执政时的晋国才成了春秋时期的五霸之一。

有人比喻赵衰是冬日之日，就像冬天里的太阳，给人送去温暖。但赵衰的儿子赵盾脾气就大不同，他严肃严厉，很少看见笑模样，虽然他也接父亲的班当了正卿，但他无论是对待主公还是大臣同僚，都是一丝不苟、死板严厉，有人就用"夏日之日"来形容他令人可畏。

《左传·文公七年》："赵衰，冬日之日也。赵盾，夏日之日也。"杜预注："冬日可爱，夏日可畏。"

桐叶封弟
君无戏言创三晋之源

叔虞是周武王的幼子，周武王去世后，叔虞的哥哥太子姬诵继位，史称"周成王"。周成王和弟弟叔虞玩耍的一个游戏，竟引出了晋国的来源。

传说周武王和邑姜相会时，邑姜梦见天帝对武王说："我让你生个儿子，名字叫作虞，我把唐国封给他。"等到邑姜生下儿子，手心果然有个"虞"字，这就是叔虞。

周武王死后，年幼的周成王继位，由周公辅佐。一天，周成王和弟弟叔虞一起在宫中玩耍，他随手捡起一片落在地上的桐叶，把它剪成玉圭形，送给了叔虞，并且对他说："这个玉圭是我送给你的，我要封你做诸侯。"史官们听后，把这件事告诉了周公。周公见到周成王，问道："你要分封叔虞吗？"周成王说："怎么会呢？那是我跟弟弟说着玩的。"周公却认真地说："天子无戏言，封赏是社稷大事，岂可玩笑？"

为了国家社稷和天子的尊严，在得知父亲周武王那个封唐的传说后，周成王只得选择吉日，正式封叔虞为唐国的诸侯，史称"唐叔虞"。

周天子的弟弟来到唐国，给这块土地带来了荣耀。叔虞长大后，在唐国励精图治，以自己的智慧才能，带领百姓兴修水利、改良农田，大力发展农业，把贫困的唐国逐步变成了富饶之地。唐叔虞死后，他的儿子燮继位。因为境内有晋水，便改国号为"晋"。山西简称"晋"，也由此而来。同时为了祭奠唐叔虞，还在晋水源头、悬瓮山下修建了一座祠堂来祀奉他，这就是晋祠。

桐叶封弟成为研究山西历史的一个标志事件。后也用"桐叶封弟"来指帝王封拜。

退避三舍
晋文公先礼后兵成霸主

春秋时期，山西这片土地是中原诸侯争夺的重地，这里的诸侯国是晋国，别的诸侯国霸主是通过攻城略地来建功立业，而让晋国诸侯晋文公天下闻名的却是他的一再"退让"。

当时，南方楚国的势力已发展到黄河流域，意图染指中原。而晋文公也有称霸中原的野心，正在积极扩军，准备与楚国争霸，大战一触即发。公元前632年，楚国的军队首先发动进攻。晋国上下正准备迎头痛击，这时晋文公却命令自己的军队不要与楚军交锋，而是退避后撤。晋军的将士很不理解，问："仗还没打，怎么就退了呢？楚军虽然强大，但是为了保卫自己的国家，我们愿意拼死一战！"

晋文公说当初自己曾经流亡楚国，受到楚王的厚待，因此曾在楚王面前答应过，如果两国交战，晋国情愿退避三舍（一舍等于30里），所以即使这一仗败了，晋国也要履行诺言。于是，晋军一退就是90里，在城濮（今山东鄄城西南）驻扎下来。楚军看到晋军退缩，得意极了，主将一边笑晋文公迂腐于旧事，一边派军队步步紧逼。其实，晋文公主动令晋军退避三舍既是履行他在楚国时许下的诺言，又是争取外交上的主动，表明自己战争的正义性，实现了以退为进、后发制人的战略目的。退避90里后，晋军利用楚军骄傲轻敌的弱点，集中兵力，大破楚军，取得了战争的胜利。

晋文公一战得名，提高了声望，成为中原霸主。后人用"退避三舍"来形容对人让步，不与相争，以避免冲突。

高山流水
伯牙鼓琴遇知音

《高山流水》是一首以友谊为主题的中国古曲，被录入美国太空探测器"旅行者一号"的金唱片中，并于1977年8月22日发射到太空。2013年9月13日，"旅行者一号"在太空飞行了30多年后，终于飞出了太阳系，向茫茫宇宙去寻找人类的"知音"。《高山流水》的作者就是春秋时的晋国大夫伯牙。

伯牙擅长古琴，琴艺达到了炉火纯青的境界。官场之中，没有人懂得他琴中的意味，大家只当他弹琴是个乐子，伯牙始终没能找到一个知音。一日，他奉命出使楚国，因遇大风，只好在汉阳江口停留。夜色已深，明月当空，俞伯牙俯视江面水波，抚琴而弹。曲终，忽然从草丛中跳出一个砍柴的樵夫来，此人对伯牙的琴艺赞叹不已，并说出了俞伯牙所弹的琴曲来历和演奏技巧。

伯牙没有想到，一个樵夫会懂琴，他又调弦抚琴，弹奏了一曲，这

高山流水

曲时而雄壮、高亢,时而舒畅、流利。樵夫边听边说:"这一段好像泰山一样高大,这一段好像江河一样激荡。"俞伯牙一听,马上上前施礼:"没想到在这里能遇到你,我相识满天下,但听得懂我琴的没有几个。"一问,得知樵夫名叫钟子期，两人相见恨晚，当天结拜兄弟，约定来年中秋再在此地相会。

第二年，俞伯牙到了，却没等来钟子期。

原来，这一年里，好友因故去世了。伯牙来到钟子期的坟前，抚琴而哭，又弹了一曲当年的那首《高山流水》，曲终，他用刀割断琴弦，仰天长叹："知己不在，鼓琴为谁？"说毕，把那把名贵的古琴摔碎，誓言从此不再弹琴，空留一首《高山流水》，成为后人纪念他们二人的名曲。

中国传统文化以个人修身为第一要素，中国人谈知己，更强调排除物质生活的心灵交往，而不屑朋党相聚，致使知己成了众多文人笔下长久的主题。后人用"高山流水"比喻知己或知音。

唇亡齿寒
你若安好，便都平安

晋献公想扩充自己的地盘，便讨伐附近的虢国（今河南三门峡一带）。可是在晋国和虢国之间隔着一个虞国（今山西运城垣曲一带），讨伐虢国必须经过虞地。

晋国和虞国关系一直不错，没有发生过战争，要想带兵通过虞国并不那么简单。怎样才能顺利通过虞国去攻打虢国呢？晋献公和大臣召开了会议。大夫荀息献计说："虞国国君虞公目光短浅、贪图小利，只要我们送他价值连城的美玉和宝马，他不会不答应借道的。"晋献公听了有点舍不得，并担心虞国收了重礼也不让道。荀息看出了晋献公的心思，就说："虞、虢两国是唇齿相依的近邻，虢国灭了，虞国也不能独存，您的美玉和宝马不过是暂时存放在虞公那里罢了。"晋献公这才放心地采纳了荀息的计策。

果然如荀息所说，虞公一见到强大的晋国给自己送礼，礼物又很珍贵，顿时心花怒放，满口答应借道之事。虞国大夫宫之奇听说后，上前劝阻："大王，三思啊，虞国和虢国两个小国相互依存，有事可以互相帮助，万一虢国灭了，我们虞国也就难保了。俗话说'唇亡齿寒'，没有嘴唇，牙齿也保不住！借道给晋国万万使不得。"虞公说："人家晋国是大国，现在特意送来美玉宝马和咱们交朋友，难道咱们借条道路让他们走走都不行吗？"

三年之后，晋献公再次向虞国借道伐虢，虞公依然十分慷慨地答应了晋国的要求。宫之奇觉得自己身为重臣，眼看国家将亡，却无能为力，于是带着一家老小逃离了虞国。这一次，晋国军队顺利借道虞国消灭了虢国，等到晋军得胜归来，借口整顿兵马，驻扎在虞国。虞公一点防备也没有，这时晋军突然发动袭击，一下子消灭了虞国。

后人用"唇亡齿寒"来比喻双方利害休戚相关。

结草衔环
"草环报恩"智破骑兵阵

春秋时期各诸侯国争夺霸主,其中秦(今陕西)晋(今山西)之间几次交好交恶,既有秦晋之好的甜蜜期,也有刀兵相见时。在秦国进攻晋国的一次战役中,晋国大将魏颗做了一个梦,竟然扭转了整个战局。

晋国大夫魏颗的父亲魏武子有个非常宠爱的姬妾,名祖姬。魏武子生病时,嘱咐儿子说:"我若死了,你一定要把她再嫁出去。"后来魏武子病重,临死前要儿子魏颗将那个女人给他殉葬。

爹死后,按理说该子承父命,但魏颗觉得人在病重之时都是神志不清,应当遵照父亲神志清醒时的吩咐处理这件事。于是就自己做主将祖姬嫁给了别人。心头一动,救了一条人命。

几年后,公元前594年秋,晋国遭到了秦国的攻击,国君派魏颗率兵抵抗。秦军兵强马壮,魏颗眼看就要抵挡不住败下阵来。这个时候,战场上突然出现了一位老人,他找到魏颗,说只需休战一刻钟,他就有办法打败秦军。魏颗将信将疑，鸣金收兵。老人到了两军交战的战场，低头开始摆弄地上的草。一刻钟之后，两军再战，原先冲锋勇猛的秦军纷纷摔倒，晋军趁机包围了秦军，而那勇猛的秦军主将杜回也莫名摔倒在地，被晋军生擒。战争结束后，晋国士兵都在惊奇是什么原因打败了秦军。魏颗到战场上巡视一番才知道，原来战场上的小草都被老人精细地打成了结，正是这些草环绊住了秦军的马蹄。魏颗赶忙派军士去找这位

结草衔环

老人，想当面感谢，老人却已不见踪影。

当天夜里，魏颗做了一个梦，梦见白天的那个老人对他说："我是你所救姬妾的父亲，你用先人之命善嫁我的女儿，没有让她陪葬。为感谢你的活命之恩，今天结草以助，报答你的大恩大德。"

在东汉时有一位大隐士叫杨宝，他小的时候，在山林中无意间遇到了一只受伤的小黄雀。当时小黄雀已经奄奄一息，杨宝见它可怜，便带回家中精心照料，日日饲之以黄花。等小黄雀的伤完全养好后，杨宝将它放生。当天晚上，杨宝做了一个梦，梦见有一个黄衣童子向他拜谢说："我是西王母的使者，君仁爱救拯，实感成济。"并以四枚玉环赠予杨宝说："它可保佑君的子孙位列三公，为政清廉，处世行事像这玉环一样洁白无瑕。"后来，杨宝的儿子、孙子、曾孙果然都官至太尉，且刚正不阿、为政清廉，美德为后人所传诵。

后人将此二典故合成"结草衔环"来比喻受人恩惠，定当厚报，至死不忘。

鉏麑触槐
武士自戕保清白

山西侯马在春秋时是五霸之一晋国的中心地区，这里流传着许多当年晋国的故事，其中一位叫鉏麑的武士的故事，至今仍然被人传颂。让这位大力士出名的不是他的武艺，而是他的节操。

鉏麑因其超群的武艺在刚刚成年时就已闻名全国，晋国国君晋灵公对他非常欣赏，于是让他进宫来当自己的贴身侍卫。晋国当时掌权的人臣赵盾为人严肃，常常当朝直接指出晋灵公的错误，因其家族是晋国几代的名臣，晋灵公一向敢怒不敢言。日子久了，晋灵公对赵盾的怨恨越来越深，于是他决定派鉏麑去刺杀赵盾。

一天，鉏麑潜入赵盾家，准备伺机刺杀。没想到赵盾天还没亮就已经起床了，穿戴好朝服，预备上朝去。鉏麑看到赵盾一遍又一遍检查自己的服装，和门客商量国家大事就退了出来，他并不是找不到下手的机会，而是为赵盾这么敬业的态度所折服。

鉏麑叹一口气说:"这样一个一心为国的忠臣,我杀了他就是不忠,但如果不杀他,违背了君上的命令,就是不信。"两难之下,大力士鉏麑选择了向路边的一棵大槐树撞去,以自杀来保全自己的节操。

后来人们也以触槐泛指自杀。

鉏麑触槐

负荆请罪
将相和的故事千古流传

提到将相和,人们都知道这是国家稳定和发展的保障,而历史上最著名的一对"将相和"当数战国时赵国的文臣武将——廉颇和蔺相如。

蔺相如出身卑微,因为在赵国和秦国的谈判桌上据理力争,换取了外交胜利,被赵王封为上卿,位在大将军廉颇之上。

这让廉颇非常不满。廉颇自幼参军,于赵国有攻城野战之功。在他看来,蔺相如只不过靠能说会道立了点功,就官比自己还大,他为此感到羞耻,并且扬言如果见到这个上卿,一定会给他难堪。

蔺相如得知后,便开始处处躲着廉颇。每次朝会只要有廉颇在,蔺相如就推说有病,以避免和廉颇去争位次的先后。甚至有一次蔺相如外出,远远看到了廉颇的马车,按照常规应该是品级低的廉颇让蔺相如先走,但蔺相如一听说前面是廉颇,马上掉头,给廉颇让路,等廉颇过去了再走。

蔺相如能如此大肚量，但他的门客却忍不了，大家之所以千里迢迢而来聚集在蔺相如的门下，就是仰慕蔺相如的本事和名望，如今蔺相如却躲着品级在自己之下的廉颇，这让这些门客感到出头无望，准备告辞。

蔺相如挽留他们，说："诸位认为廉将军和秦王谁厉害？"众人回答说："廉将军比不了秦王。"蔺相如说："以秦王的威势，而我却敢在朝廷上呵斥他，羞辱他的群臣。我虽然无能，但并不怕廉将军，是我想到赵国之所以强大，不受外来侵略，就是因为有我和廉将军在，如果我和

负荆请罪

廉将军两虎相斗，势必不能共存。我所以这样忍让，就是为了要把国家的急难摆在前面，而把个人的私怨放在后面。"

蔺相如的话传到廉颇耳朵里，廉颇惭愧极了，觉得自己为了争一口气而不顾国家利益，实在不该，便在烈日下光着上身，背着荆条，来到了蔺相如的门前。他单膝跪地，请蔺相如鞭打自己，来饶恕自己的罪过。蔺相如扔掉荆条，赶忙上前扶起大将军，从此两人便成了好朋友，共心协力保卫赵国。这件事后来成为一段佳话。

负荆请罪，"负"是背着的意思，背着荆杖，表示服罪。后来用于形容真心诚意向人认错、道歉，请其给予自己严厉责罚，也表示向人认错赔罪。后人曾为这段佳话写下一副对联："将相齐心抗强敌谱千秋佳话，文武协力保国家传万代美名。"

利令智昏
贪小便宜吃大亏

战国时代,各诸侯国之间为了争夺土地,经常发动战争。公元前265年,秦国派大将白起攻打韩国国都平阳(今山西临汾),不久包围了韩国的上党(今山西长治)。上党城孤立无援,守将认为上党保不住了,与其让秦国占了上党,还不如亲手把它转交给自己的邻国赵国,这样韩国就可以和赵国联合起来共同抵抗秦国的侵略。于是守将就写信给赵王,表示愿意归顺,希望得到赵国的庇护。

有人来献城,放在平时,赵国肯定是举国同庆,但此时赵王却左右为难,他召集大臣们商议。赵国的君臣对于要不要接受上党,意见不一,大家展开了激烈的争论。平阳君赵豹劝赵王不要贪小便宜吃大亏,此刻秦国视上党为囊中之物,如果赵国接受了,就会惹祸上身,韩国之所以把上党献给赵国,目的是想让秦国把矛头转向赵国。

但平原君赵胜却认为平时即使发兵百万,一年半载也不一定能攻下一座城池，现在却可不费一兵一卒就得到上党，决不能坐失良机。

赵王思虑再三，不想失去这块到嘴的肥肉，便支持平原君的主张，并且派他去接收上党。可是没有多久，赵国便大祸临头，秦国看到即将到手的土地却被赵国占领了，就派遣大军去攻打赵国。赵国大败，45万大军全部被秦军歼灭，国都邯郸也被围困。

史官司马迁在评价这件事时，连连发出长叹，平原君一世英名的公子，但却不明白利令智昏的道理，利这个东西，能够冲昏聪明人的头脑，使聪明人丧失理智，平原君贪图上党守将的利诱，以致赵国在长平损失了45万军士，几乎连赵国的都城邯郸也快失去了。

后来，人们用"利令智昏"来形容因贪利而失去了理智。成语"嫁祸于人"也出自此，描述韩国将灾祸转嫁给了赵国。

无可奈何

百家争鸣,山西有名"外交家"

春秋战国时期诞生了众多影响中国历史进程的思想流派:儒家、墨家、道家、法家……百家争鸣,一片文化繁荣的景象。其中,有一家堪称中国外交家的鼻祖,就是纵横家,他们凭借对时局的理解,着力于外交事务,代表人物就有战国时期的山西芮城人范雎。

范雎一生的幸与不幸都和作为纵横家的能言善辩相关。原先他是魏国大夫手下的门客,因为才华出众,尤其是口才了得被大夫相中,推荐给魏王,代表魏国出使齐国。出使齐国后,他得到了齐国上下的一致赞扬,但这也给他带来了飞来横祸。因被怀疑暗中与齐国有交往,范雎差点被魏国相国魏齐鞭笞致死,后在郑安平的帮助下易名张禄,随秦国使者王稽潜入秦国。

王稽当时是秦国的一个官员,正在受秦王的指令寻找贤能之士。他早就听说过范雎的大名,便将他推荐给了秦王。由此范雎迎来了第二次飞黄腾达，他的远交近攻策略深受秦王的赞赏，不到几年的时间，他就一路升官成了秦国的宰相，比当初推荐他的王稽还要官高三级。

从将死之人到一人之下、万人之上，范雎可谓风光无限。一天，当年的老朋友王稽邀请他到家里小聚。聊了一会儿，王稽自言自语感慨地说："世界上不可知道的事情有三件：一是国君不知哪一天忽然死了，二是你不知何时死，三是我也不知哪天死。但世界上无可奈何的事情也有三件：国君死了，他虽恨臣子却无可奈何；你突然死了，国君恨你也无可奈何；我要是死了，国君因为恨你，想起当初是我推荐的你，但是同样无可奈何……"

说到这儿，范雎明白了王稽话里的意思其实并不是诅咒三个人谁会先死，而是如果都不死的话，那么一旦范雎得罪了大王，国君想起推荐范雎的王稽，也会怪罪于王稽。王稽是在提醒范雎不要忘了当初自己推荐的功劳，两个人是绑定在一起的，应该有福同享。

范雎不由想起了当初自己的遭遇，得意过头很可能由盛而衰，想到此他出了一身冷汗，第二天便赶忙向秦王推荐了王稽，提升王稽为河东郡守。

成语"无可奈何"即由此而来，人们用它表示心中虽不愿意，但也毫无办法。

绨袍之义
旧衣见证人情冷暖

人世间有大义小义之分,大义为国为民,小义为恩情友情。送人一件衣服,可谓一个小义,但这样的小义有时候也能救人一命。

战国时期,魏国大臣须贾手下有一个门客叫范雎(今山西芮城人),他办事机灵,深得须贾的喜爱。有一次范雎代表魏国出使齐国,他出众的才华受到了齐国相国的重视,被给予很高的礼遇,这让须贾顿生疑心,担心范雎会背叛魏国。回国后,须贾和魏国的相国谈到了自己的疑心。魏相便命人把范雎抓了起来,严刑拷打,但审了很久也没有审出什么,就把他弃之厕所。

天无绝人之路,范雎侥幸逃得性命,改名张禄,逃到了秦国。大难不死必有后福,几年后,范雎的才华被秦王赏识,拜为相国。而魏国人对此毫无所知,认为范雎早已死了。

有一天,魏王听说秦国即将攻打韩、魏两国,便派须贾去见秦国的新相国。范雎得知须贾到了秦国，便隐匿了相国的身份乔装来见他，他穿着破旧的衣服步行到客馆，见到了须贾。须贾一见范雎不禁惊愕道："啊，你竟然还活着，这么多年怎么过来的？"范雎假装说："我给人家当仆役。"看着当年才华横溢的门客如今如此落魄，须贾内心愧疚，又有些怜悯，他留范雎一起坐下吃饭，离别时还取出了自己一件粗丝袍送给了他。

范雎假托自己在为秦国相国府打杂工，可以帮须贾引见。须贾将信将疑跟着他来到了相国府。范雎让须贾在门外等待，说自己去禀告相国。等了很久，须贾不见范雎出来，和门子一打听，才知道刚刚进去的那个仆人范雎正是新相国张禄。

须贾大惊失色，知道范雎如此设计、乔装改扮肯定是为了当年的旧怨，他硬着头皮去见范雎，心想难逃一死。范雎坐在高堂上，高声说道："本来是要杀了你的，但是你之所以能不死，是因为你赠我一件粗丝袍，还有点老朋友的依恋之情，所以给你一条生路。"就这样，一件衣服救了一个大夫的性命。

绨袍指厚实的丝织品。后人用"绨袍之义"比喻不忘旧日的交情。

背水一战
韩信用兵死地生

井陉关位于今天的山西平定县附近,是战国时期赵国所修长城的重要关隘,连接山西、河北两省,曾确保了赵国疆域的安全。而在楚汉争霸时,它又见证了一代名将韩信用兵的神妙。

赵国被秦国灭亡十多年后,秦末农民起义四起,赵国剩余的贵族利用乱世也恢复了赵国。这时已经兴起的刘邦大军由韩信统率,气势汹汹而来,赵国凭借井陉关与之抗衡。

韩信久攻不下井陉关,便设了一条计谋,假意败退,命几千名士兵一直退到了西河边。赵国大军以为韩信已经完全失去了战斗力,后面是水,插翅难逃,所以全部离开关隘营地,前来追击。

这时,韩信命令主力部队出击,背水结阵的士兵因为没有退路,也回身猛扑敌军。赵军被一举击溃。韩信率军乘胜追击,大败20万赵军,一举灭亡了赵国。在庆祝胜利的时候,将领们问韩信:"兵法上说,列阵时可背靠山、面对水，将军怎么正好相反呢？"

韩信笑着说："你们光看到了兵法举的这个基本规则，没有读懂兵法的要旨，兵法上说要置之死地而后生，如果是有退路的地方，士兵都逃散了，怎么能让他们拼命呢！"

"背水"是指背向水，表示没有退路。后人用"背水一战"指军事行动处于绝境之中，为求生路而决一死战，也可用于比喻有决战性质的行动。

百感交集
美男子江边思故国

卫玠，字叔宝，西晋时河东安邑（今山西夏县）人，世家子弟，少年时已是一代名士，字画、音乐、政见都称名于一时，很早就被皇帝挑中入宫担任太子洗马，就是太子的侍从官。年少成名，又前途无量，卫玠可谓是当时众多少男少女心中的偶像。

命运总是那么不可预测，当时西晋内忧外患，北边的匈奴常年入侵，战乱不止，匈奴军队曾两次长驱直入，一直打到西晋都城洛阳。这让家在河东的卫玠感到家乡已经不再是安居之地，准备迁往长江以南，躲避战乱。

一门名士，举家南迁，谈何容易，最先提出反对意见的是母亲。当时卫玠的哥哥还在朝廷担任官职，母亲不忍心孩子们分离。卫玠劝母亲以家族为重，终于说服母亲一起南下。

卫玠从小体弱多病，哪曾受过这样的苦。他一路上跋山涉水、餐风饮露，因水土不服而不断地患病，经受了千辛万苦，曾经帅气的脸庞也变得憔悴不堪。走了近一个月，终于走到了长江边。过了长江就安全了，全家人是既高兴又担心。

就在将要渡江的时候，卫玠看到了江水中自己憔悴不堪的容貌，原来那个潇洒的美男子已经不见了。他对左右的人说："见到这白茫茫的江水，心里不由得百感交集。"

全家在长江以南安了家，但安定并没有到来。没多久，卫玠的妻子患病去世，卫玠伤心欲绝，感慨国难当头，家也难全，一代美男子最终失魂落魄，命丧他乡。

后人用"百感交集"来讲述无数感触交织在一起，形容心情复杂、感慨无比。

枕戈待旦
刘琨北伐收晋阳

今天的山西太原地区在很长的历史时期内都是汉民族和少数民族交战的核心地区，在这里诞生过许多名将，也留下了许多勇士的身影。曾经有这样一个地方官，他本是诗人，但在国难当头时，只用千人部队便打退了匈奴万名精兵，收复了晋阳（今山西太原）。他就是西晋末年的并州刺史刘琨。

当时西晋面临着重重危机。"八王之乱"已经让西晋元气大伤，而北方强悍的匈奴正一步步威胁着这个王朝。并州刺史这个职务已是一个虚职，因当时匈奴的部队已经将晋阳周边攻克，晋军连连败退，晋阳沦入匈奴手中。在这种情形下，刘琨这个并州刺史是有官职无管地，他的第一要务就是收复失地。

刘琨接到命令时正身处京都洛阳。从洛阳到晋阳要渡黄河、翻大山，而且山西满地都是匈奴兵，所以西晋满朝上下都不敢北上。刘琨此时只有自己在洛阳招募的千余名士兵,而晋阳周边的匈奴部队人数是自己的10倍。

刘琨本来并不是职业军人,而是一位才华横溢的文学家,但此时他毫不畏惧,在给自己家人的信中说:"吾枕戈待旦,志枭逆虏。"(我每天晚上头枕着兵器睡觉,立志要把匈奴打败)

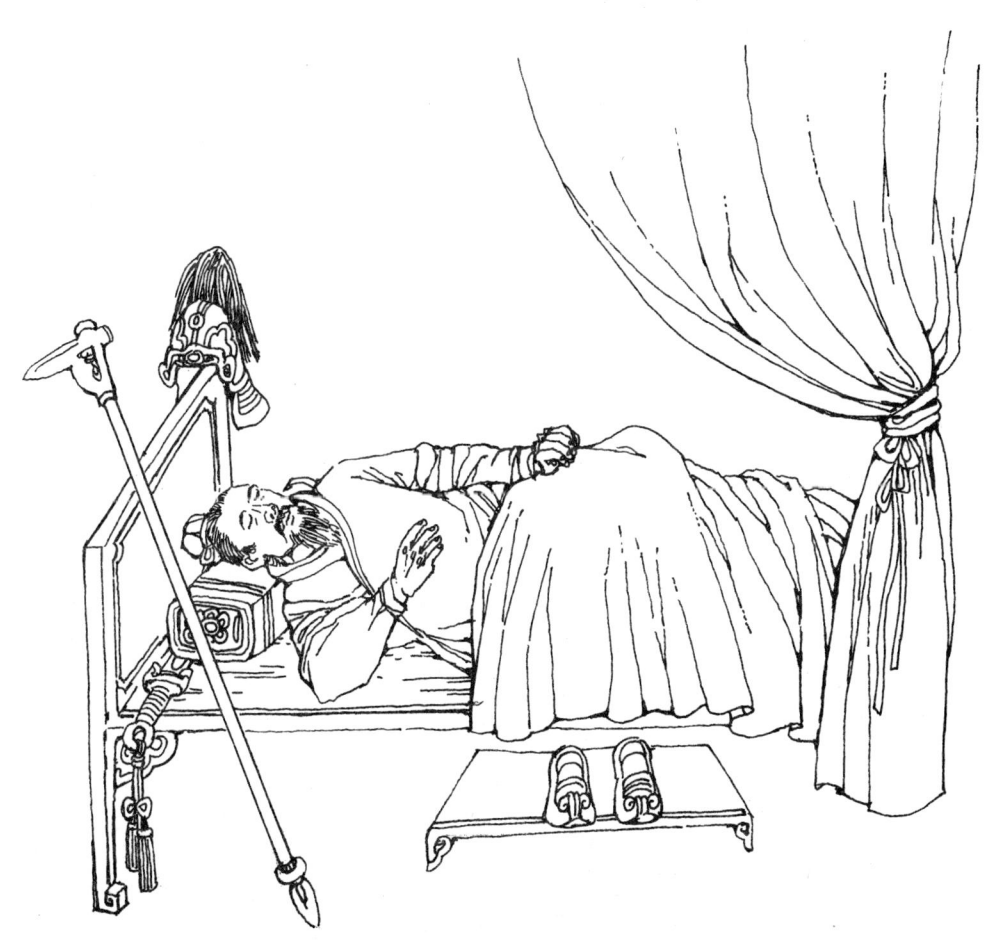

枕戈待旦

从洛阳到晋阳，他带着千名士兵浴血奋战，而他自己没有睡过一个好觉，连续作战，终于以少胜多，收复了晋阳。他号召城中百姓发展生产，加强防御，重新建设晋阳城。几年后，一座新的晋阳城便在汾河岸边诞生了。

兵器为枕，以待天明，后人用"枕戈待旦"来形容连睡觉时也不放松戒备，随时准备杀敌。

快刀斩乱麻
砍乱麻选出继承人

南北朝是中国历史上的大分裂时期,历经100多年。山西是北朝数个王朝的所在地。平城(今山西大同)作为魏朝的都城,发生过许多著名的故事,其中东魏权臣高欢家里就发生了快刀斩乱麻这么一件事。

高欢是南北朝时期东魏孝静帝的丞相,为东魏的建立立下了汗马功劳。然而却有一件令高欢头疼的事,他有6个儿子,他需要在他们中挑选一个来重点培养,继承他的事业。孩子们都还小,没有实际锻炼的机会,高欢想到了一个办法,来考察下儿子们的才智。

一天,高欢把6个儿子叫到身边,对他们说:"我这里有一大堆乱麻,现在发给你们每个人一把,你们各自整理一下,看谁能在最短的时间内将这些乱麻整理好。"一声令下,孩子们个个全神贯注,清理起乱麻来。

黄澄澄的乱麻纠结缠绕在一起,连找个头都要费上好半天时间。每个孩子的性格不同，处理乱麻的方法也不同。有的孩子很细心，先一根根找出线头，再开始抽；有的孩子有耐心，先把纠缠在一起的乱麻分出主次来，再逐个找。

只有二儿子高洋捧着乱麻既不抽头也不理线，他想了一想，找来一把锋利的小刀，一刀下去把乱麻齐刷刷斩断了。

快刀斩乱麻

高欢勃然大怒，以为高洋是分不清乱麻就开始捣乱。高洋却脸不红、心不慌，坚定而有力地答道："乱者须斩！"高欢听了十分高兴，认为这孩子有如此决断力，将来必定大有作为。果然不出所料，高洋长大后成为北齐的开国君主。

后人用"快刀斩乱麻"比喻采取果断措施，解决复杂棘手的问题。

气壮山河
忠臣绝食为复国

说起"气壮山河"一词,很多人想到的是威猛的武将,其实这个词是山西一个文弱书生的最后遗言,他就是南宋名臣,今天山西闻喜县礼元镇阜底村人赵鼎。

赵鼎21岁考中进士,人生前半段顺风顺水,一度担任过北宋部级官员。金灭北宋时,他力主抗战,无奈大势已去,皇帝和太上皇都被掳走,他也跟随南宋王朝逃到了南京并担任枢密使,但仍然是力主北伐抗击金军。

南宋著名抗金将领岳飞、韩世忠都是由赵鼎举荐的。因为主战,赵鼎和主和派的头目秦桧成了政敌,在秦桧的进言下,他被贬到外地去当官。离开南京的时候,他上书皇帝说自己已经满头白发,但壮心不已。就连政敌秦桧看后,都不得不感慨:这老头还是像以前一样倔强!

秦桧将赵鼎赶出京城,但并没有放弃迫害,他派专人监视,赵鼎每到一地，如果和当地哪个官员走动比较近，那个官员马上就会被撤职或调离，赵鼎也会被换到一个更远的地方。最后一直把赵鼎派到了遥远的海南，赵鼎在那里住了三年，没有一个熟人敢去看望他，他生活得非常困苦。得知熟人是因为怕秦桧的迫害而不敢登门，赵鼎派人对儿子赵汾说："秦桧想杀我，我死了，你们和这些朋友都会没事的。"他带病写好自己的"铭旌"（人死后，按死者生前等级身份，用大红色的布做一面旗，上以白色书写死者官阶、称呼，用与布同样长短的竹竿挑起，竖在灵前右方），上面并没有写个人的官衔、谥号和姓名，只是写下两句话："身骑箕尾归天上，气作山河壮本朝。"写罢，绝食而亡。

《宋史》称赵鼎是宋朝中兴时排名第一的名臣。后人也常用"气壮山河"来形容气概像高山大河那样雄伟豪迈。

鸿雁传书
"大雁邮差"救使者

汉朝时，苏武出使匈奴，被单于流放北海去放羊。10年后，汉朝与匈奴和亲，但单于仍不让苏武回汉。与苏武一起出使匈奴的常惠把苏武的情况密告汉使，设计让汉使对单于讲汉皇打猎得一雁，雁足上绑有书信，叙说苏武在某个沼泽地放羊。单于听后，只好让苏武回汉。后来，人们就用鸿雁比喻书信和往递书信的人。但历史上确实有人用鸿雁传过书信，他就是泽州陵川（今山西陵川县）人、元代杰出的史学家郝经。

当时北方已经被辽金统治多年，蒙古大军正在南下，南宋政权节节失利。郝经在当地是知名的大儒，受到元朝开国皇帝忽必烈器重，被任命为翰林侍读学士。忽必烈当时并不想和南宋开战，他想联合南宋消灭其他游牧民族，然后南北分治中国。1260年郝经肩负起重要使命，带着忽必烈的秘密文书，率领40人出使南宋，与南宋谈判和战问题。

经过几个月的跋涉，使团来到了真州（今江苏仪征）。南宋奸臣贾

鸿雁传书

似道为了控制朝廷的对外政策，打击异己，背着朝廷将郝经一行拘于军营，软禁了起来。

贾似道一面对郝经的使团说皇帝忙，要等待觐见；另一面又严格控

鸿雁传书 105

制他们的消息，让他们与外界间音信不通。一晃数年过去了，郝经很想让元世祖忽必烈知道自己的行踪和处境。

在被拘禁的第15年，有一天午饭的时候上来一道菜是大雁，这启发了郝经利用鸿雁为其传书的念头。

郝经假托这个大雁很好吃，让人多送点来，贾似道同意了。郝经来到后厨，在40只供他食用的雁中挑了一只体态稍异的大雁。他命人把大雁带回房间，然后手书尺帛，亲系雁足，再给大雁磕头恳求，让大雁帮他们通报朝廷，然后放飞了大雁。第二年，经元朝与南宋谈判，郝经顺利回归，后成为一代名臣。在郝经的家乡，当地人特意建了"落雁池""落雁亭"来纪念他，现陵川东南还有"落雁街"。

后人用"鸿雁"来比喻书信和传递书信的人。

巫咸造鼓

人皮鼓摄人气，军令如山

在今天的山西运城一代，每逢节日庆典、红白喜事，最常见的就是咚咚作响的威风锣鼓。山西是中国鼓的发源地，1980年，襄汾县陶寺村的墓地里出土了中国最早的夏朝时期的木鼓。而传说鼓的创始比这还要早，创始人就是三皇五帝时期的奇人，运城夏县人巫咸。

巫咸用今天的话说就是神医、大文学家、风水师、心理学家的集合体。有人说他是黄帝的部将，也有人说是舜帝时期的大将，负责军队的后勤保障工作。

传说当时舜帝正在与蚩尤进行中原争夺大战，舜帝手下另一名大将夔屡战屡胜，趾高气扬，放言要进行决战，消灭蚩尤。

蚩尤利用了夔的这种骄傲，假装败退让夔孤军深入，然后包围了夔的军队。舜帝在指挥部发现蚩尤的阴谋后，赶忙用旗语发命令让夔带军回撤。但由于战场混乱，夔没有接到命令，于是被蚩尤抢占了先机。夔战败,一个人逃回了舜帝那儿。舜帝大怒,杀了夔,让巫咸带领剩余的部队与蚩尤作战。

当时士气低迷,人心不稳。巫咸上任后,把夔的皮扣在一个木框上,用夔的骨头做成了鼓槌,以此号令军队,使其听从指挥。这一招让大家都惊呆了,鼓一响,每个人都头皮发麻,鼓声像雷声一样,一震250公里,连震1900公里,于是每个人都奋勇杀敌,一下子击溃了蚩尤。

从此鼓就成了军队进攻的号角,一直到近代有了冲锋号才被代替。

杨五郎出家五台山

杨家子弟佛门思报国

山西五台山作为佛教圣地，除了留下众多佛教传说外，还曾是众多历史人物的"避难所"。在五台山显通寺后高殿文物陈列室有一根带裂缝的铁棍，据说这根铁棍是北宋杨五郎的兵器。

宋辽大战在即，杨家将在金沙滩与辽军展开决战。由于遭到宋军元帅潘美的设计陷害，杨家将大败，杨业撞死在李陵碑，七郎八虎四个战死、两个被俘，只有杨五郎奋力拼杀，来到一片树林中，四面已被辽军包围。传说，杨五郎一看突围无望，回想起征战沙场的种种历程，心灰意冷，遂脱下战袍、头盔，自剃须发，穿上僧装，装扮成一名云游僧人，骗过层层辽兵，一路来到五台山的太平兴国寺，在五台山当了和尚。

出家为僧，六根清净，杨五郎整日青灯古佛、坐禅念经，过起了清心寡欲的佛家生活。但这种生活对这位忠心爱国、久经沙场的将军来说，十分枯燥难耐。杨五郎在太平兴国寺外兴建了一个约90平方米的练武场，请人打造了一根40多公斤的铁棍，率500名精明强干的青年僧侣习拳练武、操演阵法，随时准备保家卫国，救黎民于水火。

几年后，辽军再次攻宋，这次领兵的宋军元帅是杨六郎。杨六郎和辽军交手几次，都未曾胜利，反而逐步被辽军包围在雁门关。杨五郎在佛门中得知此事，连夜点起五百僧兵，昼夜兼程，杀向雁门关。

雁门关外，宋辽两军鏖战正酣，猛然从后方杀来一支僧兵，为首的正是杨五郎。辽军主将一见心里着慌，不敢恋战，未及几个回合，只听"咔嚓"一声，辽军主将连人带马被杨五郎打死。因五郎用力过猛，铁棍劈断主将后，又把路边一块大石头打得粉碎，铁棍也给震出一条一尺多长的裂缝。

后来杨五郎在五台山圆寂，人们把太平兴国寺称为"五郎庙"，把五郎庙所在的楼观谷改称"五郎沟"。现在五台山上的龙泉寺原来就是杨家的家庙。

脱履小趾验甲形

两瓣小趾甲，同是山西人

今天的山西洪洞有一棵举世闻名的大槐树，这里曾经是波澜壮阔的洪洞大移民的基地。而在中国民间，关于洪洞大移民有一个说法最为有趣，光看小趾甲就可以知道你来自何方，这可信吗？

"脱鞋！"

"干吗？"

"验明正身！"

这可不是电影里才有的情节，明朝初年，常年战乱致使中国许多地方，特别是江淮以北大部分地区田地荒芜、人烟断绝。山西依靠大山大河的地理优势，相对显得安定，风调雨顺，连年丰收。较之于相邻诸省，山西经济繁荣，人丁兴旺。再者，外省有大量难民流入山西，致使山西成了当时人口稠密的地区。为了平衡全国经济，明朝的开国皇帝朱元璋动用国家权力，强制山西人移民省外，开荒屯田。

洪洞大槐树成了山西移民的一个中转站，这场移民其实更像是囚徒迁徙，当时所有的移民都被双手反绑，聚在大槐树下，根据移民官的分配，各自徒步到达分配的地方。这些移民迁往今天的北京、河北、河南、山东、安徽、江苏、湖北、陕西、甘肃等十余省的五百多个县市。

传说当年移民时，官兵用刀在每人的小趾甲上切一刀为记。至今凡大槐树移民后裔的小趾甲都是复形（两瓣）。"谁是古槐迁来人，脱履小趾验甲形。"

这种说法也有另一个解释，按照遗传基因学的理论，只有纯汉血统的人小趾甲才有两个。汉血统不光指汉族，还有是蒙古人种等意思，专家用来论证台湾自古是中国一部分的理论之一就是当地高山族趾甲有两部分。

康熙寻父
老和尚原来是太上皇

在佛教圣地五台山有一座镇海寺,镇海寺是黄庙,信奉喇嘛教。很多年来镇海寺住持都是五台山黄教的领袖,但镇海寺里还有个更高级别的人,他就是清朝入关后的第一位皇帝——顺治。

清朝的故事数不胜数,留下了"宫廷四大谜案",其中最为人们所津津乐道的就是"顺治出家"。顺治皇帝之后,康熙帝非常罕见地曾8次巡游五台山,民间相传这是儿子来这里寻找父亲。

康熙寻父要从顺治出家说起,顺治帝幼主登基,6岁就当了皇帝,在位19年,娶了19个皇妃,但却只喜欢其中一个董鄂妃。董鄂氏因病去世后,顺治帝痛不欲生,为哀悼董鄂妃,他5天不理朝政,没过多久,又追加晋封董鄂氏为皇后。顺治帝当朝时就喜爱佛学,又常和高僧坐而论道,故当大好年华与自己最爱的人分别,他便对红尘不再眷恋,将江山社稷放在一边,离开朝堂,来到五台山出家,终日诵经念佛,以断却自己对董鄂氏的思念。

康熙帝登基后，得到的答案是父亲顺治因病去世。但随着年龄的增长，康熙帝对父亲的死因越来越好奇。查遍当时的宫廷记录，康熙帝觉得有很多地方语焉不详，便派出多名密探四处打听顺治皇帝的下落，终于得知他在五台山出家。康熙二十二年（1683）二月十二，刚刚而立之年的康熙帝带着皇子第一次来到五台山。据传，这次巡访是两位皇帝第一次相见，康熙帝泪流满面，想邀请顺治帝回宫担任太上皇，安享晚年，却被顺治帝拒绝。父子只是相约在此家人团聚，不谈国事。此后康熙帝又数次上五台山，相传就是来见自己的父亲。

这一段故事也在梁羽生的武侠小说和金庸的武侠小说《鹿鼎记》中占有重要的分量。顺治帝出家的地方便是如今五台山的清凉寺。

相传顺治皇帝在五台山多个寺庙修行过，现在五台山的清凉寺大殿内还存有据说是顺治皇帝所写的一阕《归山词》。

事件

精卫填海
小鸟雄心填大海

山西省长子县城西25公里处,有一座发鸠山,山头雾罩云腾、翠奔绿涌。这里曾经诞生过一个美丽的神话。千百年来,神话的主人公已经成为中华民族精神的象征。

相传炎帝有两个女儿,大女儿叫瑶姬,小女儿叫女娃。女娃天真烂漫,性格倔强,深受炎帝的喜爱。

一天,女娃独自驾着一只小船去东海玩,突然海上风雨大作、波涛汹涌,大浪把她的小船打翻了。女娃被海浪无情地吞噬了。

女娃虽然溺死,但她哀怨不平的魂灵变成了一只花脑袋、白嘴壳、红色爪子的小鸟,栖息在发鸠山上,因为经常发出"精卫、精卫"的叫声,人们就管这种鸟叫"精卫"或"精卫鸟"。

精卫发誓要报仇雪恨,它衔取一个个小石块或是一段段小树枝,然后从发鸠山飞向东海,投入吞噬她的海水中,它发誓要把海水填平。从发鸠山到东海，有千里之遥，往返一次要十多天，但精卫就这样日复一日、年复一年地坚持着。

大海奔腾咆哮着，东海龙王嘲笑它说："小鸟呀，你就是填上一百万年，也不可能把大海填平。"精卫在空中回应："哪怕是填上一千万年、一万万年，我也把你填平！"

后世常以"精卫填海"来表达意志坚决，不畏艰难。

精卫填海

垂裳而治

汉服之祖，黄帝设计

中国人常称自己为炎黄子孙，关于黄帝、炎帝是哪里人，史学界有多种看法。在今天的山西襄汾县东南20公里接曲沃县界有一座黄帝陵，而在山西高平市有一座炎帝陵，这符合炎黄生活在黄河流域的事实。

黄帝时期，氏族部落林立，征战频繁，男性的力量日益凸显，父系社会逐步替代母系社会，人们渐渐学会将采集到的野麻纤维抽取出来，用石轮或陶轮搓捻成麻线，然后再织成麻布，做成衣服，以与原先的兽皮衣互为补充，衣服的样式也由简单到复杂。

黄帝统一中原后，迎来天下太平，黄帝开始实施他治理天下的方略。他首先从人们穿的衣服开始，黄帝看到人们当时所穿的衣服在行走奔跑时常会将私处暴露无遗，便别出心裁，教人们把裹身的兽皮麻葛分成上下两部分，上身为"衣"，缝制袖筒，呈前开式；下身为"裳"，前后各围一片起遮蔽之用，两端开叉。这种上衣下裳的形制，是中国古

垂裳而治

代最早的服装款式。之后中国人的汉服在此基础上创立，宽衣大袍传了数千年。

"垂裳而治"中"垂"是垂示的意思，"垂衣裳"谓定衣服之制，示天下以礼。穿衣裳与治理天下有什么关系？由黄帝"垂衣裳"开始，虽然初衷是为了御寒，但有了衣服，人们就会遮羞，逐渐知荣耻，从而结束了散乱无序、不知礼的状态。

后人常用"垂裳而治"以称颂帝王无为而治。

洞房花烛

尧王洞里娶仙子

说起洞房,大家都知道是新人成亲后的卧室。但历史上第一个洞房在哪?婚房为什么叫洞房?史书有载,第一个洞房就在今天的山西临汾市姑射山。

话说尧帝统一了中原,但当时水旱灾害频繁,导致民不聊生、生灵涂炭,天灾成为尧帝面临的最大难题。有一天,尧帝来到今天的山西临汾一带巡视,发现这里的百姓生活安稳,并没有受到灾荒的影响。一打听,才知道原来是附近的姑射山中有一位鹿仙女常年为这里的百姓禳灾祈福。尧帝想见一见这位鹿仙女,牧民们摇头说,这位仙女只保佑普通百姓,像尧帝这样的首领她是不见的。

尧帝想了个法子,换上老百姓的衣服,不带随从,自己一个人到姑射山访察。走到山腰,他发现一个山洞,远远看见林边草坪上有一个青年女子翩翩起舞。只见这位女子轻轻一跳就到了树梢,跨步一跃就过了

洞房花烛

溪水,而且身边总有一只小鹿陪伴着她。尧帝心想这一定就是鹿仙女了,便上前向她打躬施礼,假说自己是附近山民,来山上采果子。鹿仙女见他气度不凡,便和他聊了起来,一聊两人情投意合,当晚尧帝就留宿仙洞中。第二天，尧帝劝说鹿仙女下山生活，鹿仙女说："这里逍遥自在，无人打扰，在山上多好。"无奈之下，尧帝告诉了她自己的身份。鹿仙女一听这个人是尧帝，因之前已经听过他的许多丰功伟业，打内心里敬佩他匡扶天下的大志，便表示自己甘愿扶助尧帝光大帝业。二人遂订立婚约，择定吉日成婚。为了纪念两人的相识，尧帝与鹿仙女双方将仙洞布置成为新房，点上了烛火来照明。后人便称这新婚之夜为"洞房花烛夜"。

画地为牢
皋陶造狱法律存

关押犯罪人员的地方叫监狱,在山西洪洞县,有一座距今已有600多年历史的明代监狱(即"苏三监狱"),以全国唯一保存完整的古代监狱而著称。

隋《广韵》记载:"狱,皋陶所造。"中国民间把监狱又叫作"牢房",我国历史上最早的牢房就是像《西游记》里孙悟空那样,在地上画一个圈。

据《山西通志》和《洪洞县志》记载,皋陶出生在今天山西洪洞县南7.5公里的皋陶村(因皋陶当过士师,又叫"士师村"),现在村里还有皋陶墓等遗址。

皋陶在舜帝手下担任司法官,与尧、舜、禹同为"上古四圣",被史学界和司法界公认为"司法鼻祖"。传说皋陶手下有一只神兽獬豸。这兽只有一只角,它很有灵性,当面对难以判决的案件时,皋陶就把这只兽放出来,如果那人有罪,这兽就会用那只独角来提醒皋陶。

皋陶便在地上画一个圈,让有罪的人站在其中,自己反省,这也成为最初监管犯罪之人的囚禁场所,我国从此有了监狱。"皋陶造狱,画地为牢"正式流传下来,而造狱的先驱皋陶,则被尊为狱神。现在洪洞县城的中心广场,还有皋陶的巨型石塑像。

后人以"画地为牢"来比喻只许在指定的范围内活动,不得逾越。

画地为牢

克勤克俭

治家治国，四字良方

勤俭节约是中国人的传统美德，但这个品质的根源在哪里，要从上古时期的尧、舜、禹说起。4000多年前的尧、舜、禹时代，黄河流域洪水泛滥成灾，中原地区（今山西、陕西一带）的百姓愁苦不堪，被迫搬到高地上去生活。

大禹的父亲鲧在舜帝手下负责治水，但治了9年，没有什么成效，被舜帝判处死刑。大禹继承父亲的工作接着来治水。

大禹只能尽力而为，当时他刚刚结婚，为了治水，他毅然离别了新婚妻子，整天住在工地上。他很快找到了父亲治水失败的原因：洪水不能堵而要疏。他带领老百姓挖渠筑坝，疏通江河，引水入海。经过13年的艰苦努力，他终于制服了洪水。

这13年，大禹曾3次路过自己的家门都没有进去看一下。

大禹治水成功，得到了人民的拥护，舜见他是个有才德的人，便要把帝位让给他。舜说："大禹是个贤人，贤人的标准是对国事很勤劳、不懒惰，而对家事很节俭、不挥霍。"

克勤克俭，"克勤于邦、克俭于家"，"克"是能够的意思。从此克勤克俭成了中国人的模范品质。

化干戈为玉帛
放下拳头握手言和

中国历史上第一个世袭制朝代夏朝的主要疆域就在今天的山西南部,它的开创者就是大名鼎鼎的大禹及其后人,而在开创夏王朝的过程中,大禹还实施了中国历史上第一次大规模对外开放政策,实现了与周围国家的友好相处。

夏王朝建立前,还是夏氏部落联盟,大禹的父亲鲧是部落领袖。当时他为了保卫领地,建造了三仞(八尺为一仞)高的城墙,铸造了许多兵器。

他属下的部落一看到这种情况,纷纷要离他而去。大家觉得一方面鲧的势力在扩大,自己受到了威胁;另一方面城墙太高,让他们互相之间不好交往。而别的部落对他则虎视眈眈,认为修造这么高的城墙,一定是里面有很多宝贝。夏氏部落一度危机四伏。

后来,鲧因为治水不利而被处死。儿子禹当了首领,他敏感地了解到夏部落的危机，就马上派人拆毁了父亲鲧所筑建的城墙，填平了护城河，还把自己的财产分给大家，毁掉了所有的兵器，对天下摆出欢迎的姿态，于是，大家都相安无事，别的部落也愿意前来归附。禹就此安稳了人心。

对于前来归附的部落，大禹与之互相赠送玉帛珍宝，关系越来越紧密，最终，禹与众多部落结为盟友，为夏王朝的建立奠定了基础。

干是盾牌，戈是兵器，玉帛即玉器和丝织品。化干戈为玉帛就是变刀兵相见为玉帛相往，后人用此来比喻化解战争变为和平或变争斗为友好。

桑林祷雨

汤王祈雨，千年桑林

走在今天的山西晋城市阳城县，会发现一个奇怪的现象，这个只有39万人的县城，却有100多座寺庙，更奇怪的是，这些寺庙供奉的并不是佛道众神，而是一位历史人物——商朝的开国君主成汤。经专家考证，山西阳城县析城山地区是3600多年前商汤祷雨的地方，阳城县蟒河镇还有一个桑林村。

据史籍、碑志记载，宋元以来，阳城的汤庙最多时曾达380多处。许多汤庙中至今还保存着大量碑碣、门额和楹联，不少出自历代名人之手，而在阳城历史上碑传记载的官方祭祀活动都影响深远，关于汤王祷雨的民间传说更是俯拾皆是，形成了阳城独有的商汤文化现象。

据史书记载，商代开国之君成汤当政的时候，恰逢商朝遭遇了连续7年的大旱，很多地方5年颗粒无收，百姓到了生死的边缘。作为一国之君，成汤决定亲自祭祀求雨，他选择在一片桑树林中设祭坛。经过一系列祭天仪式，他对上天说："如果上天这次大旱是对我个人的惩罚，那么请不要殃及百姓，我愿意一人接受惩罚；如果是百姓有罪，上天要惩罚，我是大家的国君，理应由我一人承担。"成汤向天自责，这种勇于牺牲的精神，受到人民的敬佩和颂扬。这次祈雨过后不久，天降甘霖，成汤也成为一代开明的国君。

桑林祷雨

在今天的阳城县，当年祈雨的桑林如今成就了知名一方的产业，从那时开始养蚕缫丝成为这里家家户户都会操弄的副业。在阳城县博物馆里，有一个4500年前的石磬，相传这就是汤王祷雨桑林时的乐器。

秦晋之好

春秋两霸，三次结亲

山西简称"晋"，陕西简称"秦"，这都是源自春秋战国时植根在这里的两个诸侯国。当时，秦晋相隔一条黄河，风貌却大不同。一个是中原腹地，一个是西戎边陲，而两国却结亲了，而且由此开创了两国相继的霸业。

春秋时期的诸侯格局类似于中世纪的欧洲，诸侯国贵族之间常常用婚姻来加强两国关系。晋献公娶了东边齐国齐桓公的女儿齐姜，在中原迅速崛起。西边的秦穆公为求将来与中原友好，效仿他的做法，准备与强大的晋国联姻，他向晋献公求婚，晋献公就把自己的大女儿嫁给了他，两国结为亲家，这是秦晋之好的开端。

晋献公执政晚期，年迈昏庸的他要立小儿子为国君继承人，从而杀死了当时的太子申生。于是，另外两个儿子夷吾和重耳分别逃离了晋国。夷吾求助在秦国的姐夫秦穆公，并在晋献公死后，许以割让河东五城作为条件，得到了秦穆公的帮助，顺利继承了王位，做了晋国国君，是为晋惠公。

没多久，秦晋因为领土问题发生矛盾。夷吾让自己的儿子公子圉到秦国做了人质，为了巩固两国关系，秦穆公又把自己的女儿怀嬴嫁给了公子圉。这在当时的社会来说，是一件亲上加亲的事。但夷吾死后，公子圉马上丢下怀嬴，一个人偷偷跑回晋国登基，成为晋怀公，从此与秦国再不往来。

秦穆公连续两次押宝失败，决定要帮助重耳当上晋国国君，他开始了第三次联姻。他将怀嬴改嫁给夷吾的弟弟重耳，就这样重耳又当上了晋国的新国君，成为有名的"春秋五霸"中的晋文公，秦晋两国遂和好如初。

"秦晋之好"代表的是一种政治上的联姻，是国家之间的联合，现也用来泛指男女之间的婚姻。

表里山河
三晋大地，天然屏障

山西的地形轮廓似一个平行四边形，这源于它天然的地理特征，西南是黄河分隔，东北有太行山脉做屏障，境内还有吕梁山脉等。当年春秋争霸时，正是凭借这样的优势，以晋国为根据地的晋文公才成为一代霸主。综观历史，这里也造就了许许多多的王朝霸业和盖世英雄。

当时，晋文公称霸面临的最重要敌人是南方的楚国，楚国兵强马壮，连周王室都不放在眼里。晋文公对与楚国交战心里没底，犹豫不决。这时他的舅舅狐偃力挺外甥："打吧！打胜了，晋国将得到诸侯的拥护；即使打败了，晋国表里山河，地势险要，足可据守。我们早已立于不败之地，没有什么可怕的！"

狐偃所说的"表里山河"，表里即内外，意思是说晋国外有黄河，内有太行、吕梁，晋国以此天险为屏障，进可攻、退可守，很形象地道出了它在地理环境方面的战略优势。

晋文公由此下决心与楚国在城濮决战，晋军大获全胜，晋文公得到诸侯的拥护成为霸主，奠定了晋国的百年基业。

后人用"表里山河"来形容有山河天险作为屏障。

狐偃劝说晋文公

相敬如宾
贤妻待夫如待客

在夫妻相处之道上,有一个正能量的典型例子,这对夫妻来自春秋时期的晋国,他们的故事造就了一个成语"相敬如宾"。

郤缺出身大夫之家,20岁之前吃喝不愁,前途无忧。没想到祸从天降,一天其父晋国大臣郤芮因罪被杀,全家都遭殃,郤缺被废为平民,务农为生。从只知写字作画到躬耕农田,郤缺却没因此而怨天尤人,他一面勤恳耕作,养家糊口,另一方面不忘继续读书修身,终成远近闻名的大学者。

一次郤缺在田间锄草,到了午饭时间,媳妇看他没回来,就把饭送到了地头。一看,他正在看书。媳妇见状,十分恭敬地跪在他面前,送上了一碗糙米饭。郤缺一看媳妇来,才知道自己忘记了时间,连忙接住,频致谢意。夫妻俩就在田间地头吃起了糙米饭,倒也吃得有滋有味。

这一幕感人场景正好被路过此地的晋国大夫臼季看到。看到乡野之中还有如此相互礼让的家风，臼季上前攀谈，一聊才发现这是原来同僚郤芮的公子，认为其真是不辱家门。经过攀谈，臼季认为郤缺上通天文、下知地理，是治国之才，便极力举荐他当官。后来郤缺立大功，升为卿大夫。

相敬如宾让丈夫重获新生，这夫妻之道反映的不仅仅是恩爱，还有教养。后人用"相敬如宾"来指夫妻互相尊敬、爱护、很客气，像对待客人一样。

相敬如宾

晋阳之甲　榆次之辱
地理名称背后的历史大事

春秋后期，晋国内政昏乱，国君式微，有权力的大臣都在争权夺利，百姓苦不堪言。晋国当时的主要权力集中在六位世袭大臣的手中。

赵鞅即赵简子，是朝廷重要的执政大夫，当时他被另外两位大臣联合起来攻击，无奈逃回了自己的封地晋阳（今山西太原）。回到自己的根据地，赵鞅找来了自己的士兵，反击对手。但当时晋国国君尚在，于是赵鞅就找到一个"清君侧"的理由，带着自己的部队向晋国都城进发，并最终打败他们，驱除了把持朝政的几位大臣，自己执掌了晋国的大权。这是历史上最早的地方实力派对朝廷用兵，此后，人们用"晋阳之甲"来形容地方官吏因不满朝廷而举兵。

"榆次之辱"则发生在战国时期，当时燕国著名的武士荆轲游历经过榆次。在这里，他碰到了当时最有名的剑客，秦国第一剑客盖聂。当时还默默无闻的荆轲见到自己的偶像，便上前去谈论剑术。心高气傲的盖聂不仅没有理他,还瞪了他几眼。荆轲没有再说下去,便匆匆告辞。有人劝盖聂,对一个后辈何必这样严厉,想让盖聂召回荆轲。盖聂不以为然:"很多人都想和我谈论剑术,我都是用眼瞪他们,要是敢继续谈下去的,是真勇士,要是被这么一瞪就离去的,也不值得来谈论剑术。"

盖聂认为荆轲是被他的眼神吓走了,但后来的事实表明,荆轲并非胆小之人,他刺秦一举,千古留名。所以,在榆次时盖聂不屑于和自己谈论剑术,对荆轲来说无疑是一种羞辱。后人用"榆次之辱"来形容无故受辱。

知恩图报
饿汉还恩义，一饭换一命

现在人常说知恩图报，但报答恩情的方式有千千万，堪称史上报恩之最的是发生在春秋时晋国正卿赵盾身上的事。

赵盾是晋国正卿，晋王身边的红人，有一次他在首阳山（在今山西永济市东南）打猎时看到农田边躺着一个人，面黄肌瘦，气喘吁吁，便上前打问。这个人看着眼前来人身穿华服，非富即贵，也没有隐瞒，就说："我已经三天没有吃东西了。"赵盾马上让随从拿来食物给他吃。但他并没有狼吞虎咽，而是只吃了一半，然后将另一半仔细包裹好放在了一边。

赵盾不理解，问他为什么不吃完。他告诉赵盾，自己已经离家三年了，现在正在往家走，不知道这些年家里的母亲是否还活着，如果活着，自己想把留下的食物送给母亲，算作回家的礼物。赵盾一听，被他的孝心感动，又叫随从准备了一篮子的饭和肉，送给这个人。

几年后,赵盾的权势越来越大,威胁到了国君晋灵公。晋灵公想杀赵盾,便派出了刺客去暗杀。赵盾没有防备,刺客突然出刀,危急关头,突然他身边的一个武士跑出来挡在了赵盾面前,替赵盾受了一刀,赵盾得以侥幸脱险。

事后,赵盾万分感谢这名武士,询问他为何这么勇敢,竟不顾自己的安危来保护他。这名武士没有多说什么,只是回答:"大人,我就是当年您在农庄救过的那个饿汉。"伤愈后,他没有受赵盾的赏赐,悄悄离开了。这名武士就是春秋时代著名的侠士——灵辄。

后人用"知恩图报"来形容得到别人的恩德要懂得回报。

宾至如归
拆墙引发的外交纠纷

晋国自晋文公成为"春秋五霸"之一后，逐渐强盛，成为周边不少小国进贡的对象。作为大国，晋国在外事招待上有时候就分开了等级，这导致了一场春秋时的"外交纠纷"。

郑国子产奉郑简公之命出访晋国，带去了许多礼物。但到了晋国，他们却没有受到应有的迎接。一打听，原来晋平公正在为另一个大国的国君鲁襄公的逝世搞全国哀悼，因此怠慢了小国郑国。

子产不动声色，命令随行的人员把所居住的晋国宾馆围墙拆掉，驱车进入，放下礼品。晋平公得知这一消息后，不知郑国这是什么意思，连忙派大夫士文伯到宾馆打探。

士文伯说："我国是诸侯的盟主，来朝见的诸侯官员很多，为了防止盗贼，保障来宾安全，特意修建了这所宾馆，筑起厚厚的围墙。现在你们把围墙拆了，是什么意思呢？其他诸侯来宾的安全怎么办？"

子产不卑不亢:"我们郑国是小国,需要按时来向大国进献贡品。这一次我们带了从本国搜罗来的财产前来朝会,偏偏遇上你们的国君没有空,既见不到,也不通知我们会面日期,甚至都没有迎接。我听说过去晋文公做盟主的时候,自己住的宫室是低小的,接待诸侯的宾馆却造得又高又大,宾客到达的时候,样样事情有人照应,能很快献上礼品。

宾至如归

他和所有诸侯国都是休戚与共，对他们一视同仁，宾客来到这里就像回到自己家里一样。可是，现在的晋国，宫室金碧辉煌，而让诸侯住的宾馆却进不去车子，也没有人招呼迎接。我们如果不拆掉围墙，让这些郑国上下收集来的礼物日晒夜露，就是我们的罪过了。如果让我们交了礼物，我们愿意修好围墙再回去。"

听到郑国使者这样说，晋平公感到惭愧，马上接见子产，隆重宴请，给予丰厚的回赠，还重新建造了宾馆，并下令：今后接待宾客，必须热情。

后人用"宾至如归"形容招待客人热情周到。

中山狼和河东狮
动物寓言有深意

古代很多谚语都是用各种各样的动物来比喻人,褒义的如千里马、孺子牛,也有贬义的,如河东狮、中山狼。其中中山狼的故事就和战国时赵简子有关。人们常说的东郭先生与狼的寓言故事也是脱胎自中山狼的故事。

赵简子是春秋后期晋国卿大夫,六卿之一,战国时代赵国基业的开创者。一天,赵简子带着随从在中山国打猎,射中了一只狼。中箭后的狼仓皇逃走,赵简子带着队伍在后面追。

这时候,东郭先生牵着驴正在山间小道上走着,驴子的身上驮满了一袋子书。突然见到前面烟尘四起,东郭先生不明白发生了什么。一眨眼的工夫,那只中箭的狼已经来到了东郭先生面前。见到东郭先生一脸读书人的单纯和善良,狼恳求说:"一看先生就是良善之士,现在我正处于危难之际,先生能不能救我一命?"

东郭先生一时心软,便动了恻隐之心,把驴驮着的书袋子解下来,去掉里面的书,将狼塞了进去。

这时,赵简子和狩猎的队伍已经赶到了。赵简子问东郭先生是否看到一只中箭的狼。东郭先生摇摇头,并说路口多了羊都找不见,何况中山这地方道路崎岖,狼早已经跑没影了。赵简子听罢,想想有理,调转马头,带着队伍回城了。

东郭先生

看着赵简子的队伍远去，东郭先生松了一口气，将狼从书袋中放出来，让它赶紧走。但那狼却并没有动地方，而是张开大嘴扑向了东郭先生。东郭先生一边跑一边问："我救了你，你为什么还要吃我？"狼奸笑着说："既然你救了我，就好人做到底。我现在受伤了，肯定找不到吃的，不如你让我吃了，避免我饿死在路上。"

东郭先生不辨是非，对恶狼也施以关爱，因而险遭厄运。后人用"东郭先生"泛指对坏人讲仁慈的糊涂人，比喻不分善恶、滥施仁慈的人，而把"中山狼"比作那种忘恩负义，恩将仇报的人。

北宋时期，大文豪苏轼有个朋友叫陈慥，为人豪爽，风度翩翩，但他的夫人柳氏却是一个出了名的悍妇、妒妇，有时候客人来拜访，柳氏也不顾夫家的面子，依旧我行我素。而陈慥对夫人也很有几分畏惧。有一天晚上，陈、苏二人请了歌女来欢歌宴舞、谈佛论道，不想被夫人发现。她拿起木杖大喊大叫，用力捶打墙壁，弄得陈慥很尴尬。第二天，苏轼在一首诗中同情地写道："忽闻河东狮子吼，拄杖落手心茫然。"

狮子吼，本是佛家用语，意思是佛祖在众生面前讲法无所谓畏惧，像狮子大吼。而河东（今山西运城）是柳氏的郡望，陈慥夫人的家乡。从此，"河东狮吼"的绰号威名远扬，后世"河东狮"就成了所有个性凶悍的妻子的代称。

华而不实
赵氏孤儿绝非徒有其表

《赵氏孤儿》是大家耳熟能详的故事，山西盂县的藏山，传说就是因藏匿赵氏孤儿赵武而得名。孤儿赵武在杀掉仇人之后，如何重振家业呢？与他同朝为官的一堆叔叔辈的同僚给了他最好的忠告。

赵武15岁步入政坛，20岁刚过他就举行了弱冠之礼。赵家几代都是晋国的上卿，在官场人脉极广。赵武随后拜访当年父辈、祖父辈的官员，希望得到他们的支持，哪曾想他碰到的都是难听话。

栾武子曾经当过赵武父亲赵朔的副官，看到赵武来，一点也不客气，略带讥讽地说："小伙子，你帽子很美啊！以前我跟着你父亲，他外表也是很美，但华而不实，最终为奸人所害，你可别像他那样，多干点实事吧。"

原来当年赵武的父亲赵朔继承家族的爵位，年纪轻轻就贵为上卿，长相又威武，在朝廷上一时成了红人，但面对另一名大臣屠岸贾的奸计，他没有采取任何预防措施，最终被屠岸贾设计杀害，赵家也被灭门。

赵武听到栾武子的话，感到震惊。随后，他又遇到了几位当年和自己的爷爷、父亲一起为官的好友。大家都是在夸他相貌的同时，婉转地提醒他要更加注重内在的修为。

赵武听从了大家的规劝，由此从大夫、新军将、上军将，一点一点靠着军功升职，终于在25年后达到了极点，成为晋国三军元帅兼执政官，执掌晋国国政。

后人用"华而不实"来形容表面很有学问，实际腹中空空的人。

外强中干
郑国骏马中看不中用

晋国是春秋时期的诸侯国，前后延续近700年。晋国发生过很多大家耳熟能详的故事，"外强中干"就是其中之一。

晋献公晚年宠爱自己新娶的妃子和这个妃子的孩子，为了讨好他们，晋献公对其他儿子进行了迫害。晋公子们纷纷逃亡，公子夷吾跑到了秦国。

当时秦国国君秦穆公和晋国相交甚好，看到晋国的公子来求助，他义不容辞地接纳了他。夷吾像找到了一根救命稻草，就随口对秦穆公说，若是有一天自己能够有机会回国当上国君，就割让晋国5座城池给秦国，来报答秦国。

几年后，晋献公死了，晋公子夷吾结束逃亡生活，回到晋国继承王位当上了国君，史称晋惠公。

自己当家做主后，晋国的领土就都是自己的了，夷吾也就没有那么大方了，他假装忘记了当初的承诺，这让当初对他伸出援手的秦穆公很不满。没多久，秦国发生了饥荒，秦穆公派人来和晋惠公求援，晋惠公拒伸援手。

秦穆公发怒了，发兵攻打晋国。晋惠公觉得秦国刚刚发生了饥荒，很容易被打败，于是自己亲自带兵抵御。他挑选了最优秀的士兵、最俊美的郑国战马，要打个漂亮仗。这时一个大臣劝他说："郑国的马看上去很俊美强壮，但大多数是仪仗队所有，实际上很虚弱，打仗并不适用。"

晋惠公一心想在战场上赢得漂亮，漂亮的战马才配得上自己亲征的阵势，他没有听从大臣的劝告。结果战争一开始，这些战马和晋惠公一样，一触即溃，晋惠公本人也被秦军抓住，成了俘虏，晋国因此被打败。

后人就用"外强中干"来形容外表强大，实际上内部力量空虚。

士为知己者死
刺客报恩引千古一叹

在今天的山西太原市晋源区有一个叫"赤桥村"的地方,据县志记载,历史上这里曾经有过豫让桥、智伯渠、报恩祠等。豫让并不是什么国君名将,而是一名刺客。为什么要以刺客的名字来命名一座桥呢?因为这个刺客身上体现了中国传统文化中的侠义和感恩精神。

春秋末年,晋国的大权被赵、范、中行、智、魏、韩等6家上卿把控。他们彼此争权夺利,智伯算其中势力最大者。本来他欲联合魏、韩两家来进攻驻守晋阳(今山西太原)的赵襄子,不想却被赵襄子施反间计,为韩、赵、魏三家联合所灭。赵襄子为了解恨,还把智伯的头盖骨刷上油漆做成了酒具,也有人说,是做了夜壶。

智伯霸道蛮横,赵襄子绝处逢生,在众人眼里这是值得庆贺的事,但在一个人眼里,赵襄子的行为是他的奇耻大辱。这个人就是智伯的门客豫让。智伯兵败后,豫让逃到了山里。看到曾经的主公落得这般田地，豫让决心为主公智伯复仇。他改姓更名，假扮成服劳役的犯人潜入晋阳，混到赵襄子的宫里去粉刷厕所，身上藏着尖刀，伺机要杀死赵襄子为智伯报仇。

赵襄子身边防护紧密，豫让的计划功亏一篑，他被赵襄子的侍卫抓住。他承认自己是来为智伯报仇，现在被抓无话可说，只求一死。赵襄子听说豫让的故事后，却下令放人，他说："智伯死了，没有后代来找我报仇，你一个门客这样忠心实在难得。"

获得自由的豫让并没有因此罢手，他拔掉了眉毛和胡子，又在身上涂满油漆，弄成仿佛中毒后的样子。为了验证整容效果，他假扮成乞丐去要饭，走到自家门口，连他妻子都认不出来。为了更加隐蔽，他又吞火炭把嗓子弄哑。他受尽折磨，面目全非只为刺杀赵襄子。这天，豫让潜伏在赵襄子的必经之路上，但刺杀计划仍然没有成功，他再次被赵襄子的随从抓住。

一看还是豫让，赵襄子大惊失色："豫让，你要报仇，寡人是理解的，念你是个忠良之士，放过了你，但寡人实在不明白，你先前不也服务过其他主公吗？智伯也是杀了你的其他主公，你才跟随他的，为什么你不替他们报仇，反而只忠于智伯，拼死拼活要为他报仇呢？"豫让骄傲地说："士为知己者死，女为悦己者容。我原来在其他人那里，他们是拿我当普通人对待，但智伯是拿我当国士对待，我当然要拿出国士的态度来回报他。"

两次被抓，豫让知道自己不可能复仇成功，他向赵襄子求速死。襄子听了，泪流满面。豫让恳求赵襄子脱下外衣，以了却他一桩心愿。豫让把剑拔出，挥剑三次击斩赵襄子的衣服。他一边行刺一边哭："智伯，我报答了你的恩情，我们天上见。"三剑之后，豫让从容自刎。

后人用"士为知己者死"来指甘愿为赏识自己、栽培自己的人献身。

弹丸之地

弱国难逃割地赔款

人们常说一个地方是弹丸之地，那么弹丸之地到底有多大？又分布在哪里呢？其实"弹丸之地"一词的由来就在晋东南地区，这弹丸之地并不小，足足有6座县城。

"战国七雄"对峙时期，烽烟四起，各国都忙于备战和应战。赵国（现山西、河北一带）作为"七雄"之一，正面临着来自西边的另一个大国秦国的威胁。秦、赵二国在赵国的长平（今山西高平）进行了大决战，结果赵军被打败，赵军主力被消灭。

此时，赵国上下慌作一团，再战，没有可用的兵士；谈和，却面临着只能屈辱地同意任何要求。果然，秦国围攻了赵国的首都，赵国不得已同意讲和。秦国开出的条件是要赵国6座城池。城下之盟，无奈之举，赵王只好割让了6座城池给秦国，秦国这才退兵，赵国首都得以解围。

没有一个君主愿意当割地赔款的负责人，割让城池后，赵王召集群臣商议，其中大臣虞卿谈起此事，分析说："秦军退兵，大王认为是他们因为得到了六座城池，还是因为疲倦了？"赵王说："秦军一向攻城略地，如果他能打得下来，肯定是不会和谈的。现在退兵，肯定是因为他们征战已久，又久攻不下。"虞卿由此向赵王进谏："秦军打仗得不到的城池，我们却白送给他，折损了我们的实力，增长了对方的军力，这太不合算了。我看啊，得了这个便宜，明年秦国还会再来打我们。"

虞卿这番话让赵王心惊胆战，觉得自己当初的决策失误，顿时汗流浃背。这时，大殿下另一位臣子高声喊道："大王，虞卿说得不对。"赵王一抬头，是大臣赵郝，他当时是主和派，他说："当时，秦军围困着都城，如果不割让城池，首都就可能沦陷，即便当时守得住，但我们已经没有了可用之兵，秦军回去休整下，再来打，我们还是要割地求和。这6座城虽然不小，但对于整个赵国来说却是弹丸之地，现在给了秦国，我们争取到了练兵缓口气的时间，是保全了赵国。"

弹丸，弹弓所用的铁丸或泥丸。后人用"弹丸之地"来形容地方非常狭小。

自惭形秽
和史上"第一美男子"比美

中国古代有名的美男子当属西晋时河东安邑（今山西夏县）的卫玠了，他是晋代名士，位列中国古代"四大美男子"之首。如此相貌出众之人，总有人想要来挑战、比试。

卫玠从小到大都是以帅著称的，甚至他母亲在给他梳头的时候都说："你是卫国第一美男子，要随时注意自己的形象。"帅首先要有自信，天天被别人称赞帅，卫玠也越来越有魅力，走到大街上，回头率百分百，所有人看到他都停下脚步，男人们都发自内心地嫉妒，女人们则发出"如果能嫁给他便此生无憾"的感慨。

有一天，卫玠投奔舅舅王济。王济是骠骑将军，长得也很英俊，心里一直不服气，觉得外甥没有自己帅，但此次见面一看，卫玠果然眉清目秀、风度翩翩，他对卫母说："大家都说我相貌过人，与外甥一比，我真是太难看了。"

过了几天，王济带卫玠骑马去拜见亲朋好友，这一出门，相貌更胜一筹的卫玠得到了更多的赞扬，而且卫玠还谈吐文雅、知识渊博，这让舅舅王济感慨万分："卫玠和我站在一起就像明珠、宝玉在我身边一样，和他一起走，就好像有一颗明珠在身边闪耀发光，和他相比，我真是自惭形秽。"

后人用"自惭形秽"来形容因为自己不如别人而感到惭愧。

天衣无缝
神仙裁出无缝衣

现代影视文学作品中,男女爱情大多是从邂逅开始。在唐朝时,并州(今山西太原)一位名叫郭翰的帅哥,他的艳遇令人惊奇,他遇到了一位当时顶尖的"时装造型师"。

夏日的一个夜晚,郭翰正在院子里乘凉,朦朦胧胧打瞌睡的时候,突然身边出现了一位大美女。郭翰以为自己在做梦,揉揉眼睛,一看,果然有一位穿白衣的美女正在对自己微笑。郭翰上前笑着问:"美女,你这是从哪里来,要到哪里去呢?"

哪知这大美女一开口便说:"我是神仙,是天上的织女,听说你人不错,我就是来找你的。"

郭翰以为这女子在说笑,就说:"你要是神仙,天上那么好,为什么还要来人间呢?"

仙女答道:"天上再好,待久了也会寂寞,所以到人间来玩玩。"

郭翰听仙女这么说，胆子就大了起来，上前和仙女讨要仙丹，他说："既然你是仙女，天上有长生不老的仙丹，你带下来了没，给我尝尝也好。"仙女依然不慌不忙，说天上的仙丹一到人间就失去灵气，没有功效了。

天衣无缝

郭翰不甘心："你既没有仙丹，又没有法术，凭什么说你是来自天上呢？"

这个时候，仙女妩媚一笑，招手让郭翰来到她的身前看她的衣服，说："你在人间看到过这样的衣服吗？"郭翰走近一看，才发现仙女的衣服是没有缝的，堪称当时最炫的时装。郭翰顿时被这位神仙姐姐迷恋，两人共浴爱河。

第二天早上，郭翰一睁眼，床边只留下余香，而那位仙女已经消失不见。后来，郭翰得知这位仙女是织女，她每天晚上都来陪郭翰共度良宵。或许是天宫的日子太寂寞了，在人间的这几日，织女感受到了许久没有的快乐。但好景不长，织女偷跑的事情被天宫发现了，她被迫与郭翰分别，而郭翰也因此郁郁而终。

后人以"天衣无缝"来比喻事物周密完善，浑然一体，没有破绽。

白云亲舍
狄仁杰与《故乡的云》

说起槐树，山西太原人对它格外亲切，这不仅是因为它在太原的大街小巷随处可见，而且国槐还是太原的市树。在太原市城南狄村街上有一处唐槐公园，这里面有一棵古槐树已经有1300多年的历史，而且它和唐代名臣狄仁杰之间还有一段故事。

走进唐槐公园，穿过一个小亭，便可见到D字001号古槐，其前立有一碑，写有"唐槐"二字，虽历经千年风霜，古树仍然枝繁叶茂。这棵古槐，据史书所载，系狄仁杰的母亲亲手种植。

槐通"怀"，相传狄仁杰被朝廷任命为并州法曹后，到太原上任，与住在河阳（今河南孟县）的父母相隔很远，几年才能回家见一面。有一天，狄仁杰登上太行山，向南望去，只见一朵白云在天上飘、孤孤单单的，他顿时想到了自己一个人在此，想起了远方自己的父母。他动情地说："我的父母就在这块云下生活，但是我们却不得见。"说到这儿，一代名臣竟流下热泪,他一直望着这朵白云,直至其散去才离开。

回到官舍后,狄仁杰马上动身,将自己的母亲接到了太原。

母亲和儿子团聚后,就在家门口栽下了这棵槐树。她当初想必不曾

白云亲舍

料到，这棵幼小的树苗竟存活了千百年之久。如今，这棵唐槐已经得到了妥善的保护。

后人用"白云亲舍"比喻客居他乡，思念父母。1987年央视春晚上，美籍华人费翔以一首《故乡的云》唱出了海外游子的思乡之情，其歌词的创作灵感正来自于这个成语。

两袖清风
名臣于谦,清白留人间

"粉身碎骨浑不怕,要留清白在人间。"这是明朝一代名臣于谦的著名诗句。当年于谦曾经担任过兵部右侍郎,巡抚山西。他上任时,山西正遭遇水旱灾害,很多人想尽办法找北京当权大臣的关系,希望多拨一点救济款,而于谦却改变了这个"惯例"。

当时宦官王振专权,肆无忌惮地招权纳贿,百官为了找他办事,争相献金求媚。而于谦每次进京奏事,从不带任何礼品。有人劝他说:"你不肯送金银财宝,难道不能带点山西的土特产去?要不然救济款怎么能拨下来呢?"

于谦笑了笑,甩了甩他的两只袖子,说:"要送的话,只有清风。"他还特意写了一首诗,《入京》:"绢帕蘑菇与线香,本资民用反为殃。清风两袖朝天去,免得闾阎话短长。"这其中的绢帕、蘑菇和线香就是当时比较珍贵的山西地方土特产。

"两袖清风"的成语因此得来。在于谦的努力下,山西遭灾时仍储存了数百万谷物。第二年三月播种时,他令各府州县上报缺粮的贫困户,把谷物分发给老百姓,等秋收后再还给官府,而年老有病和贫穷无力的则免予偿还。在山西任职9年,于谦的威望恩德遍布各地,几年后山西风调雨顺、路不拾遗。

后人用"两袖清风"比喻做官廉洁,也比喻穷得一无所有。现多用来比喻为官清廉、不贪赃枉法、严于律己的人。

两袖清风

鱼跃龙门

飞身一跃，云霄化龙

在今天山西河津市城西12公里的黄河峡谷中，有个禹门口，相传是大禹治水时人工开凿的一条水道，这个地方也有另外一个称呼叫"龙门"。站在这里可以看到，由于峡谷地形起伏大，这里水势高低不平，急速缓冲，常常有不少黄河鲤鱼在空中一跃而起，场面非常壮观。这里正是"鲤鱼跳龙门"的所在地。

在淡水鱼中，鲤鱼喜欢跳水，有时可以跳出水面一米以上，科学家分析，原因之一是鲤鱼在越过水中的激流时的本能反应。但在传说中，鲤鱼跳龙门却有另外的含义。

相传在黄河中的鲤鱼听说龙门风光好，都想到龙门去看一看，它们顺着黄河游啊游，来到了龙门水溅口的地方。但此处激流冲荡、水势凶险，大部分鱼儿都退缩了。一条美丽的大红鲤鱼自告奋勇要尝试跳过这段水流。只见它使出全身力量，鱼尾用力击打水面，纵身一跃，一下子跳到了云彩里。这时突然一团天火向它扑来,烧掉了它的尾巴。它忍着疼痛继续朝前跃,终于跃过了龙门,掉进山南的湖水中。这时它才发现,天神烧掉了它的尾巴,它已经变成了一条龙。

"鲤鱼跳龙门"这种勇于争先、逆流而上的精神被后人广为传颂,常被用来比喻金榜题名、飞黄腾达,后来又比喻逆流前进、奋发向上。

鱼跃龙门

董父豢龙
驯龙高手本姓董

龙是中华民族的图腾，但自古以来，龙只有图形，却没有实物。中国龙发源于哪？历史传说中第一个规模养龙的驯龙高手是今天的山西闻喜县人董父，他养龙的地方就在今天运城市闻喜县礼元镇白水滩一带，这也使闻喜拥有了"龙乡"的美誉。

闻喜县东官庄村旁的董泽湖是传说中董父豢龙的地方，现在这里还有董父庙遗址。相传董父是舜帝手下的大臣，他能文能武，还能腾云驾雾，最拿手的本事就是养龙。

养龙，最难的是找到合适的地方，传说龙是圣洁之物，只喝甘泉，只住在有灵气的水中。董父便在普天下寻找甘泉，后来在今天闻喜地方的凤凰垣和峨眉岭之间发现有一处大甘泉，是极佳的豢龙圣地，便在此定居下来。这个地方位于今天山西闻喜县东北方向横跨东镇、礼元两乡镇的四十里白水滩。

当时，董父官职还不是太大，利用业余时间就在白水滩里养龙：各种花色的龙，金、赤、青、白、乌，都被他驯得像家牲一样听话。天旱，他就叫它们去行云布雨，没事的时候只许在湖里规规矩矩，不得去兴风作浪。

后来舜帝给董父升了官。要离开了，但董父舍不得他的龙，他将一条白龙驯成了自己的坐骑，这样他就可以白天在朝里做官，夜晚骑着白龙腾云驾雾回到董泽湖，继续养他的龙。如此云里去、雾里归，一直到退休的时候，他提了一个要求，要回到家乡继续他的养龙事业。舜帝答应了他的请求，并将今天的白水滩一带封为"董父之国"。董父后人在此世居，以董为姓。

智伯送钟
假送礼真占地

春秋末年,晋国的四位卿大夫智伯与韩、赵、魏四家瓜分了另外两个卿大夫范、中行的领地,智伯成了晋国实际的掌权者,他想开疆辟土来扩充自己的势力。当时,晋国东北方有中山国,又有仇犹国,都比较弱小,仇犹在晋与中山国之间。智伯将目标放在这两个小国身上。

按照攻击路线,仇犹国成为首攻目标。但晋国与仇犹国之间的山路非常艰险,兵马难以通行。如果派人开山凿路,又会暴露自己的出兵意图,难以出奇制胜。

智伯心生一计,让能工巧匠铸造了一口贵重的大钟,作为礼物赠送给仇犹国君。在春秋时期,钟是非常重要的礼乐之器,一个国家几代人才能拥有一口大钟,现在晋国送来如此大礼,仇犹国君当然非常高兴。只是这座大钟大到要把两辆大车并排才能装载起运,没有大道就运送不到。

仇犹国君不知智伯包藏祸心，急于拿到贵重的礼物，于是命人凿开山道，修一条迎宾路来迎接大钟。当时仇犹国的大臣感觉到很疑惑，向国君进谏："一般送礼都是小国给大国送，现在大国晋国竟然给我们送礼，这里面一定有问题。"但仇犹国君不理会，认为晋国给送礼就是天大的面子，如果不收就是不给晋国面子，反而惹祸上身。

7个月后，仇犹国把道路修好了，迎取了大钟。可大钟还没安放好，晋国的大军就顺着仇犹国修好的道路冲杀而来，仇犹国很快被智伯灭亡。贪图一口钟，最后被灭了国。

后人用"智伯送钟"来形容不怀好意，另有所图的人。

董永行孝得姻缘

天仙实为田仙

董永和七仙女的故事在我国民间广为流传，2006年5月20日，该传说入选第一批国家级非物质文化遗产名录，在我国文化史上开启了民间传说受国家保护的先河。山西万荣县前小淮村也入选董永传说的传承地。

据记载，在董永家附近田家窑村有个庄户人家姓田，田家有位姑娘叫田仙。田仙自幼聪明伶俐，不仅长得美丽动人，而且做得一手好活计，她织的布光滑平整、细密柔软，常常被选为朝廷贡品，人们都说她是天女下凡。后田仙被卖身葬父的董永的孝心感动，嫁给了他。

有学者对董永故事进行了考证，董永和七仙女故事中的织女天仙，并不是从天上降临到人间的神女，而是当地一名勤劳、善良的民间女子，只是在人们口耳相传中，"田""天"同音，将"田仙"误为"天仙"，从而使董永故事神话化。其实是先有田仙，后有天仙。

董永行孝得姻缘

白马拖缰

神马立功，留名寺传奇

在山西晋城市北边山上有一座白马寺，寺庙附近有一种石头，外坚中空，摇之有响声，人称"马铃石"，相传是一匹神马留下的。

古时有一少年机智又善良，一日，他打柴回来，路遇一老者向他索柴取暖。少年看到老人受冻的样子，不顾柴少挨打的危险，慨然施柴于老人。老人于是从怀中取出一匹纸马，送与少年，告诉他，这是一匹神马，是当年唐僧取经时骑过的小白龙，如有需求，只要找到千年谷草让它吃下，立刻就能显灵。少年回家后，突然狂风大作，下了一夜的暴风雪。第二天，财主不顾风雪，威逼着少年进山打柴。少年想起了藏在怀中的纸马，但千年谷草又去哪里找呢？突然他想到了山上的白马寺里有一尊千年古佛像毁了，而那佛像的骨架正是由谷草扎成。于是他立刻来到了寺院，取出一棵谷草。怀中的纸马竟张口吞下，突然就成了一匹雪白的骏马，进山为少年驮柴而归。财主得知后，就想将神马占为己有，于是同家丁合谋半夜前去盗马,结果被白马踢翻在地。少年从梦中惊醒,跃上马背,白马腾空而去。马铃被财主扯落,散了一地,变成摇之即响的马铃石,白马缰绳拖过的一条山梁至今寸草不生。

如今,"白马拖缰"成为晋城古四景之一。

白马拖缰

道义

虞芮让畔

一块田地,万世礼仪

在山西芮城县坛道村有一座让畔神祠。传说周武王在祠内栽下两棵古柏,距今已有3000余年,历代的县官每年都要到这里祭献。这座祠堂建立的背后竟是一段两国领土谈判的佳话。

殷商末年,社会动荡,商纣王暴政使得诸侯分崩离析。当时虞国、芮国两国的君主为一块界田争执不下,相互不让,马上要兵戎相见。

这时周文王在西方崛起,两国决定让办事公道的周文王决断是非。两位国君带着使团赶往周文王所在的西岐。这一天,他们在西岐郊区看到在周文王的地界上,耕地的农民互相让出土地相交的地边,走在道路上的人们互相让路,所有人之间都礼让三分。

两人将信将疑,又走到周王城的大道上,发现这里男女不同路,在路上没有一位老年人是背着重物的,都是年轻人帮忙拿着,大家尊老爱幼、礼让成风、秩序井然。

虞芮让畔

"周礼"让两位国君大开眼界,探问之下才得知,在周朝从上到下都以礼为人生准则,两个人终于明白了周文王为什么能够得民心,于是惭愧地说:"咱们所争的,正是人家所引以为耻的呀!我们俩身为国君，还不如周的普通百姓呢。"

于是，两人未见文王，各自回国，让出那块界田，人称"闲田"。后人为了纪念这段历史，修建了让畔神祠。周武王得天下后，得知了两位国君的故事，特意来此祭拜。虞、芮两国国君能让田改过，成就互相谦让、和合之美德。

完璧归赵

蔺相如不辱使命

传国玉玺是王权最重要的象征，而中国历史上第一个大一统帝国——秦朝的传国玉玺就是用一块特别的宝玉所制，这块名叫和氏璧的美玉，有一段神奇的经历。

和氏璧产自楚国（今湖北江汉地区），由楚国著名的玉匠卞和发现并献给楚王，但楚王并没有认识到这块美玉的价值。最终，美玉落到了赵惠文王手中。在赵国，美玉被工匠仔细打磨成举世无双的宝贝。

听说赵国得了宝贝，强大的秦国便派使者前来，表明自己想要这块和氏璧，并且愿意拿15座城来换。表面看，这是一笔合算的买卖，但秦国当时无比强大，即便真的把和氏璧给了它，保不齐它还是会赖账，到那时，赵国丢了宝玉也得不到城池。因此赵惠文王心里也没底，他找来众位大臣商议。大家七嘴八舌，没有一个好办法。

这时，一个叫蔺相如的小官站出来说道："秦昭王用城换璧而赵国不答应，理亏的是赵国；赵国给秦璧而秦不给赵国城池，理亏的是秦国。现在秦国如此强大，怎么也不能让它占了理，宁可答应秦的请求而让秦负理亏的责任。"

蔺相如自告奋勇担任使者，去处理这项棘手的任务，临行前他给赵王承诺，或者他带着15座城池的印玺回到赵国，或者完整无缺地把和氏璧带回来。

见到了传世珍宝和氏璧，秦昭王高兴万分，拿在手中仔细把玩，还把近臣和妃子叫来一起看，但却迟迟不和蔺相如说城池的事情。蔺相如知道，这样下去，和氏璧和那15座城池自己一个都带不回赵国。

他灵机一动，上前对秦昭王说："这块绝世美玉上面有点大家看不出的毛病，请让我来指给大王看。"等秦昭王将和氏璧还给他时，他捧着和氏璧退到了宫殿的柱子前面，大声喝道："我看大王无意补偿给赵国15座城，所以又把它取回来。大王一定要逼迫我，我的头现在就与和氏璧一起撞碎在这柱子上！"

秦王怕他撞碎和氏璧，只得婉言道歉，求他别把和氏璧撞碎，并召唤负责的官吏察看地图，把15座城指给他看。蔺相如估计秦昭王只不过以欺诈的手段假装把城划给赵国，就对秦昭王说："和氏璧是天下公认的宝贝，赵王敬畏大王，不敢不献出来。赵王送璧的时候，斋戒了5天。现在大王也应斋戒5天,在朝堂上安设'九宾'的礼节,我才敢献上和氏璧。"秦王为了稳住蔺相如，只得答应斋戒5天。蔺相如知道秦王是勉强答应，当天夜里，他回到官舍，马上派随从换了粗布衣服连夜带着和氏璧从小道逃回赵国。5日后，秦昭王在朝堂上设了"九宾"的礼仪，蔺相如上前对秦昭王说："秦国自秦穆公以来不曾有一个国君是坚守信约的，我实在怕受骗而对不起赵国，所以派人拿着璧回去了，现在应该已经到赵国了。再说秦国强大而赵国弱小，大王只需派一个小小的使臣到赵国，赵国便会立刻捧着璧送来。现在强大的秦国先割15座城给赵国，赵国又怎么敢留着璧而得罪大王呢？我知道得罪大王应该处死，我请求受汤镬之刑。"秦王对朝臣无可奈何地苦笑道："现在杀了蔺相如，终究也得不到和氏璧，反而断绝了秦、赵的友好关系，不如好好招待，让他回去。"

这样一场惊心动魄的谈判，蔺相如一没有让秦国有了侵略赵国的理由，二来将宝玉带回了赵国，由此成为赵国的英雄。秦灭六国后，和氏璧又到了秦国，被做成玉玺。

后人用"完璧归赵"来比喻把原物完好地归还物品的主人。后人评价蔺相如"斗秦王智勇双全，靠的是一张利嘴；让廉颇大局为重，凭的是一腔热情"。

欲加之罪，何患无辞
君臣斗的"关键武器"

春秋时期，晋献公在位时最宠信妃子骊姬。当时，晋献公已经立了申生为太子，准备让他继位。可骊姬想让自己的儿子奚齐当国君，于是她千方百计地陷害申生，最终申生自杀身亡，他的两个弟弟，后来成为晋文公的重耳和后来成为晋惠公的夷吾，逃亡国外。

晋献公病重，他把最信任的大夫荀息叫到床前，嘱咐他好好辅佐奚齐当国君。晋献公一死，晋国陷入一片混乱之中。有一个名叫里克的大夫，他原来是太子申生的副将，因觉得申生死得太冤枉，一心想为申生报仇。奚齐登上君位不久，里克就找到机会把奚齐给杀了。荀息只好又立了奚齐的弟弟公子卓子当国君，可是很快，里克又把卓子也杀了。这时候，流亡秦国的夷吾回国当上了国君，这就是晋惠公。晋惠公刚当上国君，就想杀掉里克，他对里克说："你杀掉了两个国君，我如果不杀你，别人就不会服我。"没想到里克不但不害怕，还冷笑着说："如果我不杀他们，能轮到你来当这个国君吗？你既然已经打定主意把罪名加到我头上，还怕找不到理由吗？"于是他自己扑到剑上结束了自己的生命。世人谓之"欲加之罪，其无辞乎"。

后人用成语"欲加之罪，何患无辞"来形容想要给人强加罪名，何愁找不到借口；欲加害于人，即使无过错，也可以罗织罪名。

危如累卵
摞鸡蛋巧谏国君

春秋时,晋国因为晋文公的治理国力日渐强盛,成为当时的霸主。而到了晋文公的孙子晋灵公时,他因贪图享乐,不思进取,竟想要修筑一个9层高台,用来登高望远,俯瞰全国各地。

于是,他下旨把全国的财力、人力都集中起来修筑这个高台。农民都被征来修高台,连很多妇女也被征来搞后勤,做饭送水。许多大臣认为,一个国家如果整天这样浪费国力,十分危险,都想向晋灵公进言,劝他别这么干。可是晋灵公早就下了口谕:"谁敢进谏我修高台这件事,全部杀无赦!"这么一来,谁也不敢进言了,只能眼睁睁看着晋文公开创的晋国霸业一点点消亡。

这时,大臣荀息要见晋灵公。晋灵公知道荀息肯定是来阻止他修九层高台的,便弯弓搭箭,说:"让他进来吧。"

晋灵公箭搭在弦上,看着荀息说:"你是来谏阻我修九级高台的吧?

你不要说，看见这支箭了吗？只要你一说这话，我这手一松就把你射死了。"

荀息一看这个架势，知道要再说下去将小命不保，于是换了个思路，说："我今天来拜见大王，并不敢向您规劝什么，只是为了给您展示我的一项本领。"

荀息说他可以把12颗棋子摞起来，然后在这上边再摞9个鸡蛋，还能让它不倒下来。晋灵公来了兴致，把箭放下，让荀息当场表演。

危如累卵

荀息让手下人拿来12个棋子，把它们摞了起来，又让人拿来一筐鸡蛋，一个接着一个往上摞。晋灵公看得全神贯注，情不自禁地说："危险！太危险了！"荀息说："您别急，还有比这更危险的呢，九层高台没有三年筑不成，现在男人不种地、女人不织布，国库会空虚。邻国知道我国的财力已经不行了，就会起兵，他们一兴兵我们晋国可就亡了。"听了这一番话后，晋灵公才醒悟过来，立刻下令停止了修筑高台的工程。

"危如累卵"这条成语比喻形势非常危险，如同堆起来的蛋，随时都有塌下来打碎的可能。

围魏救赵
"孙庞斗智"例证三十六计

经过春秋时期的无数次兼并战争,诸侯国的数量大大减少,到战国时,秦、齐、楚、燕、韩、赵、魏七个较强的诸侯国并立,被称为"战国七雄",各国君主都练兵强国,互相发动战争。魏国建都原本在安邑(今山西夏县),为了称霸,便迁都到了大梁(今河南开封)。在各国的兼并战争中,涌现出许多著名的军事家和战例,其中就有孙膑和围魏救赵。

公元前354年,势力强大的魏国以庞涓为将,举大军向赵国都城邯郸(今河北邯郸)进攻。赵国主力部队都在边境,都城危急,于是向齐国求救。齐国派大将田忌为将军,率兵来救赵国。

当时孙膑在田忌手下担任军师,孙膑和魏国的大将庞涓曾是同学,在一起学习过兵法。孙膑深知庞涓用兵快捷、果断,便向田忌献计说:"两个人打架,第三个想劝架,如果用拳将他们打开,或者出手帮着一方打，互相难免都有损伤。平息纠纷只需要将紧张的形势疏导就可以了。如今赵、魏两国攻战正激烈，魏国精兵都在围困赵国的都城，国内只剩下老弱病残。您不如率兵突袭魏国都城，冲击魏国空虚的后方，魏军一定会放弃攻打赵国而回兵援救。这样我们就能一举两得，既解了赵国之围，又能给魏国以痛击。"田忌听从了孙膑的谋划，转而攻击魏国都城大梁。

同年10月，虽然赵国邯郸被魏军攻下，但因为魏国大梁又处于齐国攻击之中，魏军急忙回师援救，在桂陵与齐国军队遭遇激战，结果魏军大败。

孙膑用围攻魏国的办法来解救赵国的危困，这在我国历史上是一个很有名的战例，后来被列为三十六计中的重要一计。围魏救赵这一避实就虚的战法为历代军事家所欣赏，至今仍常常被使用。

后人用"围魏救赵"来指袭击敌人后方的据点以迫使进攻之敌撤退的战术，现借指包抄敌人的后方来迫使它撤兵的战术。

神农尝百草
一日中毒七十次的药剂师

山西长治地区有着悠久的中药材种植历史，在长治城东北5公里处有一座南北走向的大山，这就是百谷山，俗称"老顶山"。老顶山滴谷寺正东半山腰处，有一神农洞，相传为神农氏尝百草之所。

神农氏生活的时代，人们吃野草、喝生水、食用树上的野果子、吃地上爬行的小虫子，所以常常生病、中毒或是受伤，人们得病根本不知道怎么办，只能靠自己抵抗，有的只好等死。

神农氏决定寻找一种能够帮助人们抵抗这些病痛的东西，他发现深山中一些草木有治病的功效。但深山中草木众多，神农氏也不清楚哪些有毒、哪些可以治病。

神农氏为此决心亲自来一个个品尝。神农氏的样貌很奇特，身材瘦削，身体除四肢和脑袋外，都是透明的，内脏清晰可见。如果药草是有毒的，服下后他的内脏就会呈现黑色，因此什么药草对于人体哪一个部位有影响就可以轻易地知道了。

大地上的草木品种多得很，数也数不清，神农氏一个个吃下去，把这些草木的不同药性记录下来。很多草木都是有毒的，为了寻找药品，神农氏曾经在一天当中中毒七十次。他被毒得死去活来、痛苦万分，可是他凭着强壮的体力，又坚强地站起来，继续品尝更多的草木。

神农氏下决心要尝遍天下植物，据说被他尝过的花、草、根、叶就有三十九万八千种。神农氏发现老顶山上的众多草木都可以治病，便长期在此定居下来，将自己尝过的草木按药性分门别类记录下来，如甘草可以治疗咳嗽，大黄可以治疗便秘，黄连可以消肿等等。

神农氏尝药走遍天下，相传在山西太原神釜冈上还留着神农氏煮药的鼎，但这个地点今天已经不可寻。神农氏也成为中医药的始祖，在山西长治地区很多地方种植中药材的传统也因此而来。

嫘祖养蚕
先蚕娘娘发明天然布料

先古时代,华夏之祖黄帝历经千辛万苦建立了部落联盟,并被推选为部落联盟首领。他将部落人衣物的设计和制作工作交给了自己的正妃嫘祖。嫘祖是今天山西夏县西阴村人,在这里,嫘祖发明了植桑养蚕。

为了做出可以遮风挡雨的衣物,嫘祖带着一群女眷加班加点,剥树皮、织麻网,她们还把男人们猎获的各种野兽的皮毛剥下来,进行加工。但这些衣服样子丑陋、风格混搭,总让完美主义者的嫘祖感到力不从心。因劳累过度,嫘祖病倒了。

她茶饭不思、精神不振,守护在嫘祖身边的几个女子决定上山摘些野果回来给她吃。可平时尝起来酸酸甜甜的果子,如今在嫘祖的口中都是寡淡无味。有一天侍女在桑树林里发现了满树结着的白色小果,她们以为找到了好鲜果,就摘来给嫘祖尝,结果发现这些小果根本咬不动。她们又用水来煮,觉得煮熟后果子就会变软,结果水开了很多遍,煮在

嫘祖养蚕

锅里的白色小果全部变成了雪白的细丝线。

躺在病床上的嫘祖听到果子的"变形记",拿起变成了线的果子来尝,发现其韧劲十足,虽然不好吃,但是接在一起可以当服装的原材料。聪明的嫘祖高兴道:"这不是果子,不能吃,但却大有用处。"不久,她就痊愈了。她在桑树林里观察了好几天，才弄清这种白色小果是一种虫子口吐细丝绕织而成的。她回来就把此事报告给黄帝，并要求黄帝下令保护桥国山上所有的桑树林。在嫘祖的倡导下，黄河流域的黄帝部落（今山西临汾、运城一带）开始了栽桑养蚕的历史，嫘祖的家乡夏县西阴村也成为养蚕的发源地。

后人为了纪念嫘祖这一功绩，就将她尊称为"先蚕娘娘"，而蚕丝也开始成为中国丝绸的重要原材料。

风后智造指南车
风陵渡背后的故事

在山西与陕西、河南三省的交界处，有一个地方叫风陵渡，这里是黄河上最大的渡口。这个名字的由来是为了纪念一位传奇的发明家——风后。

在四大发明之一的指南针发明之前，中国已有指向工具，就是黄帝大战蚩尤时的指南车。

传说黄帝和蚩尤大战3年，交锋72次，都未能取得胜利。蚩尤一会儿呼风唤雨，一会儿制造大雾，使得黄帝的军队常常迷失方向。

在一次大战中，蚩尤眼看就要战败，他又放出大雾，霎时四野弥漫，部队深陷其中。黄帝十分着急，只好命令部队停止前进，马上召集大臣们商讨对策。众大臣都到齐了，唯独不见风后，黄帝只好亲自去找。

在一辆战车上，黄帝找到了风后。只见风后独自一人在车上睡觉，黄帝生气地说："都什么时候了，你怎么还在这里睡觉？"风后慢腾腾地坐起来说："我哪里是在睡觉，我是在想办法。"接着，他用手向天上一指，对黄帝说："您看，为什么天上的北斗星斗转而柄不转呢？我们可以根据这个现象，制造一种会指方向的工具，有了这种工具就不怕迷失方向了。"

之后，由风后设计，大家动手制作，经过几天几夜奋战，终于造出了一个能指引方向的仪器。风后把它安装在一辆战车上，车上安装了一个假人，伸手指着南方。然后告诉所有的军队，打仗时一旦被大雾迷住，只要一看指南车上的假人指着什么方向，马上就可辨认出南北东西。

从此，黄帝的军队再也不怕蚩尤的大雾了，人人奋勇争先、骁勇善战，大家一鼓作气终于打败了蚩尤，打通了中原的道路，控制了黄河中游一带。可惜风后却在这场战役中不幸遇难，黄帝悲痛万分，亲自为他选了坟地，把他埋葬在黄河以北今天山西芮城县的赵村。后人又把赵村改名为"风后陵"，意为风后的陵墓。"风陵"也就是现在的风陵渡。

尧观天象创节令

尧帝观天，创制二十四节令

"春雨惊春清谷天，夏满芒夏暑相连，秋处露秋寒霜降，冬雪雪冬小大寒。"二十四节气歌每个中国人从小就会背，但它的发明者是谁？它的起源之地又是哪里呢？

相传在尧的时代，首次制定了历法。尧命令羲氏、和氏两位优秀的天文学家根据日月星辰的运行情况制定历法，然后颁行天下，使农业生产有所依循。他派羲仲去东海之滨观察日出的情况，以昼夜平分的那天作为春分，并参考鸟星的位置来校正；派羲叔住在叫明都的地方，观察太阳由北向南移动的情况，以白昼最长的那天为夏至，并参考火星的位置来校正；派和仲住在西方叫昧谷的地方，观察日落的情况，以昼夜平分的那天作为秋分，并参考虚星的位置来校正；派和叔住在北方叫幽都的地方，观察太阳由南向北移动的情况，以白昼最短的那天作为冬至，并参考昴星的位置来校正。

之后，尧帝决定以366日为一年，每三年置一闰月，用闰月调整历法和四季的关系，使每年的农时正确，不出差误。由此，古人将帝尧的时代视为农耕文化飞跃的时代。

从尧帝开始，经过千百年的不断改进与完善，到秦汉时期，二十四节气已完全确立，直至今天，还一直在使用。

台骀治理汾河
玄冥师降服水魔

在山西忻州市宁武管涔山有一奇石，状似加盖的锅，支撑它的两小石形若锅脚，人称"支锅奇石"，是宁武八大奇景之一。说起这"支锅奇石"的来历，就要说到台骀治汾的故事。

一提治水，人们想到的就是大禹，其实在他之前，曾经也有一位治水英雄，名叫台骀，是历史传说中"华夏治水第一人"。相传上古荒蛮时期，洪水泛滥，今天山西境内的汾河本来是由北往南注入黄河，但由于当时晋南一带地壳频繁运动，中条山不断隆起，致使汾河下游河道中断，河水四溢，发生汾水与洮河(今涑水)争道的现象，洮河排泄不畅，造成晋南大面积洪灾。

台骀当时担任的是玄冥师，主要工作就是治水。经过艰苦细致的勘察测量，他在今山西侯马台神村一带汾河大拐弯处开凿出了新的汾河河道，使南北流向的汾水滚滚向西，与洮水分开水道，形成了今天的汾河水系分布格局。

　　传说台骀治水成功后,为了使洪水不再肆虐泛滥,便从天上摘来三颗星,垒成"品"字状,置于山顶之上作为镇压汾魔的镇魔石。说来也怪,有镇魔石屹立于此,汾河洪水果然没有再像上古时那般肆虐过。经千百年的地形演化,镇魔石就变成了今天管涔山的"支锅石"。

　　台骀善于把握自然规律,因势利导、科学治水的方法和勇于与大自然斗争,攻坚克难的勇气值得后人借鉴。为纪念这位降伏水魔、造福人类的先人,人们在许多地方都修建了台骀庙,现在保存比较完整的有侯马古翠岭、宁武定河村和太原晋祠的台骀庙,台骀治汾的故事也被代代相传,直至今天。

打开灵石口，空出晋阳湖

大禹凿河，福佑太原

在山西太原市西南方有个晋阳湖，湖面如镜，是华北地区最大的人工湖，但在几千年前，包括今天太原、晋中盆地在内的陆地曾经是更大面积的天然湖泊。

上古时期，中华大地水患严重，黄河流域出现了著名的治水英雄大禹。有一年，他路过晋阳湖，发现这里和其他地方不一样。其他地方人们都是依湖而居，而这里的百姓却住在远离晋阳湖的西山上，荒山秃岭，终年忍饥挨饿饱受风霜。大禹和百姓交谈后才得知，原来这个晋阳湖因为地势高，经常会在雨季侵袭到附近的村庄，百姓叫苦不迭，所以才住到山上。

大禹决心治理晋阳湖，他想出的办法是把晋阳湖的水疏导到安全位置。但他找了49天也找不到湖水的出口，想了81天也想不出腾空湖水的办法，大禹心急如焚。

一夜，恰逢十五，明月当空，他趁着月色又坐船来到晋阳湖上观察，与一位打鱼的老妇人不期而遇。大禹请老妇人一起吃酒，老妇人问大禹："三更半夜为何不休息？"大禹说出了原因。老妇人拿起银筷子朝银杯底下一敲，敲出一个缺口，杯中酒霎时全漏掉了，她笑而不语，换了一个杯子喝酒。

等老妇人走后，大禹环顾四周，看见晋阳湖的形状就像一个酒坛，被打破的方向正好指向灵石口，大禹恍然大悟，老妇人是在点悟他。

大禹命工匠做了一对银老鼠放入湖中，银鼠很快就把灵石口挖开，湖水哗哗地向南流去。晋阳湖空出后不久便成为一片沃壤，人们走下高山，开始了平原生活。

今天的晋阳湖是新中国成立初期人工开挖的蓄水池，湖水由汾西西干渠引入，现在这里建起了晋阳湖公园。

奚仲造车

双轮马车，奚仲首创

今天山西运城市的夏县相传是中国历史上第一个朝代夏朝的都城所在地。夏朝由大禹及其后人建立，当时诞生了众多发明。世界上的第一辆车就是由夏朝的一位官员奚仲所制造。

奚仲是约4000年前夏朝时的车正，传说是他发明了舟车技术。奚仲发明的车设有车架、车轴、车厢，为保持平衡，车子采用左右两个轮子。双轮车的发明使得人类的体力大大解放，之后人们学会用驯服的动物来拉车，极大地提高了劳动效率。

相传奚仲年轻时身材魁梧，他看到人们在运输重物时都要靠人力抬扶，在往高坡地搬运时，人们会用木头垫在重物下，一点一点往前挪，便仔细观察了垫在重物下面的树木，发现这样比较省力的原因是圆形的木头可以在坡地上滚动。他开始琢磨怎么利用这个原理做成一个工具，让老百姓都受益。一次又一次试验均未成功，后来有一次他看到一位老大娘在光滑的石磨盘上用一根圆棍推动碾盘碾米，不一会儿米就碾成了面。他受到启发立即动手设计，将碾盘立起来变成了车轮子，反复试验终于成功。

车子制作成功的那天，前来观看者可谓人山人海。只见奚仲喊着号子，前后各一人架着车把，车架上放满东西，稍一用力车轮就很轻松地滚动向前。奚仲发明了双轮马车，夏王封他为车正，负责制造车辆和交通运输。

奚仲造车

闯王倒取宁武关
李自成力战明朝第一悍将

明朝末年，内忧外患，各地民众被迫揭竿而起，反抗明朝皇帝。在明末的农民起义中，被称为"闯王"的李自成逐渐强大起来，他联合各地起义部队，建立大顺王朝，向明朝发起了最后的攻击。起义军所到之处，所向披靡，但在山西中北部的宁武关，起义军遇到了最大的麻烦。

宁武是忻州市所辖的一个县，因古县城形状似凤凰，又叫"凤凰城"。在明朝成化年间，这里是重要的边塞关卡，设有宁武关。当时，李闯王刚刚建立大顺王朝，亲自带领百万义军东征，出西安、占太原，准备经大同攻取北京城。在太原和大同之间，宁武关是必经之路。当时镇守宁武关的将领是明朝骁将山西总兵周遇吉。

周遇吉利用宁武关地形险峻的优势，率领五千守军，利用城楼上的大炮，连连击退李自成的起义军，五天杀伤起义军数万名，让意气风发的李闯王产生了极大的动摇，他想要绕关而走，甚至有了退回陕西的念头。

当闯王率领起义军绕过宁武关向大同进军时,一个部下给他进言,说宁武城小,必须攻破,否则起义军人心涣散,很难再战。李闯王便鼓足信心,再次率领大军攻打宁武城。这时,他发现宁武城东高西低,于是绕过宁武城南门,从东门发动总攻,攻破了宁武关,又用东门缴获的明军火炮,陆续攻占了西门、南门。总兵周遇吉遭擒被杀。

这是闯王起义军最关键的一战,此后,起义军取大同、克宣府、破居庸、下昌平,兵不血刃占领了北京城,崇祯帝自缢煤山,明王朝就此覆灭。

左宗棠与乔家大院

乔东家出钱，左宗棠平疆

在乔家大院，有一面百寿图的影壁墙，在墙两旁有一副对联，上写"损人欲以复天理，蓄道德而能文章"，这副对联的作者是左宗棠。左宗棠官至陕甘总督、协办大学士，是手握重要军权的清廷重臣，他怎么会到祁县乔家堡这样一个小村来，为乔家题写对联呢？

光绪年间，左宗棠任钦差大臣，督办新疆军务。当时入清王朝国库极度空虚，左宗棠与乔家的大票号关系密切，他所需的军费多由乔家票号存取汇兑，军费紧缺时，就先从乔家票号预支。乔家票号成为左宗棠平定新疆坚实的后勤保障。

收复新疆后，左宗棠被皇帝召回，回京途中，路过祁县时，他专程到乔家拜访了素未谋面的票号东家乔致庸。左宗棠第一次见到乔致庸时，竟然直呼乔致庸"亮大哥"，让乔致庸感到十分亲切。为感谢乔家，左宗棠在乔家门口百寿图照壁上题写"损人欲以复天理，蓄道德而能文章"，表达对票商十多年来始终不渝地支持他完成收复祖国大好河山这一事业及其精神境界的感谢，赞颂票号商人能在国难当头之时以义制利，识大体，以国事为重，与他一起共同书写出具有爱国情操的道德大文章。

金钟今尚笑西后

慈禧送礼到曹家

在晋商大院中，太谷的曹家大院以其丰富的馆藏文物、高雅的文化品位和独特的艺术魅力被文物旅游界的专家学者誉为"晋商珍宝第一馆"。曹家大院的古玩珍宝样样珍贵，其中有一件"洋玩意"——金火车头让人更感好奇，在100多年前，这么精致的工业产品是怎么到了曹家的呢？

其实这个金火车头是一个钟表，说是金并不是纯金，而是由黄、白、乌三金合制而成，总重量约42公斤，车头后部镶嵌时钟，车顶装一自动报时的白金铃铛，中部装有自动预报天气的晴雨表。此外还有汽缸、烟囱、6个乌金和白金制成的车轮，两条长约1.5米的乌金制成的车轨。拧紧发条，火车头会在轨道上有规律地来回开动，如同钟摆，如果在汽缸中注入水，左侧烟囱中则会冒出蒸汽，整点一到，车顶白金铃铛会自动摇响，发出清脆的叮当声，是几点就响几下，准确无误。

据说，此钟原是法兰西国进献给乾隆皇帝的贡品，一直珍藏于清朝皇宫之中。这件皇帝的心爱之物到曹家还有一段曲折的故事。

1900年，八国联军攻陷北京，慈禧太后挟光绪皇帝仓皇出宫西逃，因途中盘缠不足，就派人向曹家借了一笔巨款。曹家不出两天就把借款筹集完备，这让慈禧太后非常高兴。为了鼓励其他晋商要像曹家这样及时筹款，慈禧太后就把随身带着的这件火车头钟送给曹家，作为抵押。慈禧返京后，一方面因国库空虚，另一方面也不想公开还款而"有损皇家脸面"，就把这座价值连城的宝贝赐予曹家，算是了结了借款公案。就这样，这件金火车头钟因为太后的缘故，成为曹家的镇宅之宝。

金火车头在1958年被曹家第26代曹联庆无偿捐献给了国家。现今后人对此评价："砂锅勤卖小车推，推出豪华称晋魁。辽奉蒙俄六百座，禄福寿喜四合围。一千万银铸大业，两朝弟子化烟灰。金钟今尚笑西后，无有曹家怎北归。"

协同庆巧结张之洞

票号和巡抚的"官商合作"

中国第一家票号创建于清道光四年(1824)的山西平遥,从此,由晋商票号带动起来的金融风暴操纵着清朝中后期的经济命脉。到光绪年间,票号进入鼎盛时期:许多票号除民间业务之外,更多地承担了清政府财政部门和银行的部分职能,晋商票号和清政府的关系更加密切。"官生意是天下最大的生意",许多名噪一时的达官贵人纷纷与票号打起了交道,晚清"中兴名臣"张之洞就是其中一个。

张之洞因母丧守制三年后,进京朝见皇帝,想谋取更高职位,但当时他囊中羞涩,买官无银、借债无门。到京后的第二天,张之洞拜访了协同庆票号。

协同庆掌柜很机灵,他一方面派出自己的眼线到大内打听张之洞的情况,另一方面先慷慨地答应。当得知张之洞欲借10万两银子时,掌柜满口应许,并大方地说:"10万两银子算什么,但大人不会一下都用了,银子带在身上也不安全，我给大人办一个取银折子，大人想用多少就取多少，没有限制。"

掌柜这样说相当于给了张之洞一个不限额的信用卡。张之洞当然既高兴又感激。其实掌柜也有自己的打算，因他宫廷有耳目，如果张花上三五万，而皇帝确有委派的心愿，那么比十万再多也能借给；如果花上三五万，宫里没有什么好消息，或者皇帝流露不愿重用的意思，那张之洞也就不会再花钱了。果然，银子还没有花到三万两，张就被任命为两广总督了。

据说，后来张之洞不但还上了借的银子，还把两广的财税解汇业务全部交给了协同庆票号，协同庆在三四年间就赚到了百十万两银子。

后　记

《山西故事》是一套以故事叙记山西历史文化的普及性读物。

斯著之成，始于山西省副省长王一新之构倡，策划创作期间，屡示洞见。山西省旅游局负责本书的具体实施和推广。山西省政府盛佃清先生，山西省人大常委会韩和平先生，山西省旅游局冯建平先生、王炳武先生，山西省新闻出版广电局齐峰先生亲力协调统筹、总理编务，襄助良多。山西省政府办公厅郭建民、樊张明、李仁贵、梅强、薛冬，山西省旅游局陈少卿以及山西省委外宣办邓志蓉、王宝贵亦不辞辛苦，为丛书撰写做了大量工作。太原旅游职业学院韩一武、陆霞、贾雪梅、王晓岗、李晋娜、王军雷、管萍、成宏峰等专家学者参与本册文稿审核，多有裨益。一并铭谢！！

图书在版编目（CIP）数据

山西故事．成语传说／晋旅主编．—太原：山西人民出版社，2015.12
ISBN 978－7－203－09340－4

Ⅰ.①山… Ⅱ.①晋… Ⅲ.①山西省—地方史②汉语—成语—故事 Ⅳ.①K292.5②H136.3

中国版本图书馆 CIP 数据核字（2015）第 259181 号

山西故事．成语传说

主　　编：	晋　旅
责任编辑：	高　雷
插　　图：	宋虎立
装帧设计：	谢　成
出 版 者：	山西出版传媒集团·山西人民出版社
地　　址：	太原市建设南路 21 号
邮　　编：	030012
发行营销：	0351—4922220　4955996　4956039　4922127（传真）
天猫官网：	http：//sxrmcbs.tmall.com　电话：0351—4922159
E — mail：	sxskcb@163.com　发行部 sxskcb@126.com　总编室
网　　址：	www.sxskcb.com
经 销 者：	山西出版传媒集团·山西人民出版社
承 印 者：	山西出版传媒集团·山西新华印业有限公司
开　　本：	720mm×1010mm　　1/16
印　　张：	15
字　　数：	200 千字
印　　数：	1—3 000 册
版　　次：	2015 年 12 月　第 1 版
印　　次：	2015 年 12 月　第 1 次印刷
书　　号：	ISBN 978－7－203－09340－4
定　　价：	43.00 元

如有印装质量问题请与本社联系调换